유튜브 크리에이터
어떻게
되었을까
?

꿈을 이룬 사람들의 생생한 직업 이야기 20편

유튜브 크리에이터 어떻게 되었을까?

1판 1쇄 찍음 2019년 08월 23일
1판 4쇄 펴냄 2023년 03월 31일

펴낸곳	㈜캠퍼스멘토
저자	조재형
책임 편집	이동준 · 북커북
진행 · 윤문	북커북
연구 · 기획	오승훈 · 이사라 · 박민아 · 국희진 · 윤혜원 · ㈜모야컴퍼니
디자인	㈜엔투디
마케팅	윤영재 · 이동준 · 신숙진 · 김지수 · 김수아 · 김연정 · 박제형 · 박예슬
교육운영	문태준 · 이동훈 · 박홍수 · 조용근 · 황예인 · 정훈모
관리	김동욱 · 지재우 · 임철규 · 최영혜 · 이석기
발행인	안광배

주소	서울시 서초구 강남대로 557 (잠원동, 성한빌딩) 9층 ㈜캠퍼스멘토
출판등록	제 2012-000207
구입문의	(02) 333-5966
팩스	(02) 3785-0901
홈페이지	http://www.campusmentor.org

ISBN 978-89-97826-29-2 (43320)

현직
유튜브
크리에이터들을
통해 알아보는
리얼 직업
이야기

유튜브 크리에이터
어떻게

How did they become
Youtube Creators?

되었을까?

CampusMentor
캠퍼스멘토

"
도움을 주신
유튜브 크리에이터들을
소개합니다
"

킴닥스 | 김다은

- 유튜브 채널 '킴닥스' 운영(구독자 52만 명)
- 주식회사 킴닥스 스튜디오 대표
- 영화진흥위원회 인정 영화감독
- 중앙대학교 신문방송학부 졸업
- 메이크업 아티스트 국가자격 취득
- 페이스북 국제영화제 등 영화·영상제 다수 수상

마이린 | 최린

- 유튜브 채널 '마이린TV' 운영(구독자 87만 명)
- 제2, 3, 4회 다이아 페스티벌 출연
- 제2, 3회 DIA TV 키즈 크리에이터 선발대회 심사
  위원 및 멘토
- 제1회 DIA TV 키즈 크리에이터 선발대회 합격
- EBS 〈우리끼리 비밀기지〉,
  투니버스 〈보고놀자〉 고정 출연
- tvN 〈내 손 안에 조카티비〉 출연

겨울서점 | 김겨울

- 유튜브 채널 '겨울서점' 운영(구독자 10만 명)
- 2019 도서 《활자 안에서 유영하기》 출간
- 2018 도서 《독서의 기쁨》 출간
- 2017 미니앨범 〈겨울소리〉 발표
- 2015 디지털 싱글 〈사랑하긴 했나요〉 발표
- 고려대학교 심리학과 졸업

유라야 놀자 | 최다은

- 유튜브 채널 '유라야 놀자' 진행(구독자 65만 명)
- 광고 모델, 연기자, KBS 〈연예가중계〉 리포터 활동
- 중앙대학교 유아교육학과 학사·석사 졸업
- 교류분석 부모교육강사, 놀이상담(치료)사 자격
- 유치원 정교사 2급 자격
- 보육교사 2급 자격

부기드럼 | 박영진

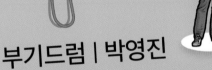

- 유튜브 채널 '부기드럼' 운영(구독자 18만 명)
- 시나위 드러머
- BAADA(김바다) 드러머
- Myori 드러머

에그박사 |
김경윤·김경민·양찬형

- 유튜브 채널 '에그박사' 운영(구독자 20만 명)
- 크리에이터 멘토링 프로그램 진행
- SBS 니켈로디언TV 파트너십
- KBS 〈아침이 좋다〉, 〈전국을 달린다〉 출연
- SBS 〈모닝와이드〉, MBC 〈랭킹쇼 1, 2, 3〉 출연
- 영상 공모전 다수 입상

이 책의 구성

Chapter 2
유튜브 크리에이터의 생생 경험담

Chapter 3

예비 유튜브 크리에이터 아카데미

CHAPTER

|1|

유튜브 크리에이터,

어떻게
되었을까
?

크리에이터란?

크리에이터는
개인의 영상 콘텐츠를 제작하여
유튜브 등 광고기반 플랫폼에 올리고
이를 통해 수익을 창출한다.

크리에이터는 자신만의 영상 콘텐츠를 제작하고 이를 유튜브 등 광고기반 플랫폼에 올려 수많은
사람들과 공유하며 즐기는 이들을 말한다. 크리에이터들은 각자 자신이 가장 잘 알고 있는, 혹은
가장 좋아하는 관심 분야를 중심으로 콘텐츠를 제작하여 수익을 올린다는 공통점을 갖고 있다.
기획안 구성과 연출, 촬영, 편집 등을 종합적으로 소화하기 때문에 PD, 배우, 작가의 역할이 총망
라되어 있는 직업이라고 할 수 있다.

출처: 워크넷, 신직업·창직 찾기

인플루언서의 시대

　연예인도 아니고, 대기업 사장도 아닌 평범한 70대 할머니가 유튜브(Youtube)와 구글(Google) CEO를 만날 확률은 얼마나 될까요? 그것도 두 CEO가 자발적으로 할머니를 보고 싶어한다면? 아무리 생각해도 높진 않겠죠. '박막례 할머니'에게는 그 어려운 일이 일상입니다. 구독자 98만 명을 보유한 박막례 할머니는 해외 유명 잡지에 소개되기도 하고, 화보를 촬영하며, 국제 영화제 레드카펫을 밟기도 합니다. 손녀와 함께 유쾌한 시간을 보내고 있는 박막례 할머니는 해외에서도 알아주는 유명인사가 됐습니다.

　대형 기획사나 방송국, 기업의 도움 없이도 스타가 될 수 있는 시대입니다. 구독자 1,950만 명을 보유하고 누적 조회수 약 300억 뷰를 달성한 라이언 토이스리뷰(Ryan ToysReview)의 주인공 라이언은 이제 여덟 살이 된 소년입니다. 초등학생을 거쳐 중학생으로서의 삶을 기록하고 있는 마이린TV는 한국을 대표하는 키즈 크리에이터로 자리매김했습니다. 지금 이 순간에도 내 주변의 누군가가 유튜브를 통해 자신의 영향력을 넓혀가고 있습니다.

　'디지털 원주민(Digital Native)'이라고 불리는 Z세대에게 '셀럽'은 더 이상 연예인이나 스포츠 스타만으로 국한된 것이 아닙니다. 인터넷을 넘어 모바일 세상에서 태어나 활동한 Z세대는 디지털 환경 안에서 불특정 다수와 정보를 교환합니다. 다수의 팔로워를 보유한 페이스북(Facebook)이나 인스타그램(Instagram) 스타에게 열광하고, 그들이 홍보·판매하는 제품을 쉽게 구매하기도 합니다. 'SNS 스타'라는 말로 지칭되던 일반인 셀러브리티는 유튜브에서도 강력한 영향력을 발휘하고 있습니다.

대중에게 영향력을 미치는 일반인을 우리는 '인플루언서(Influencer)'라고 부릅니다. 유튜브나 인스타그램 등 소셜 플랫폼에서 적게는 수천, 많게는 수백만 명의 팔로워를 보유하고 있는 유명인들입니다. 인플루언서는 '타인에게 영향력을 끼치는 사람'으로 단순하게 정의되기는 어렵습니다. 단순히 친교의 목적이나 메신저 정도로 활용되던 소셜 플랫폼이 산업화했기 때문입니다. 우리는 인플루언서를 더 자세하게 이해할 필요가 있는 세상에 살고 있습니다. 건국대학교 이승윤 교수와 DIA TV 안정기 매니저가 저술한 <평범한 사람들의 비범한 영향력, 인플루언서> (2018)는 다음과 같이 인플루언서를 정의합니다.

인플루언서
1. 디지털 소비자가 선호하는 창의적인 콘텐츠 제작자
2. 디지털 네이티브 소비자가 지지하는 유명인
3. 유튜브, 페이스북 등 다양한 구독자를 보유한 플랫폼

이승윤·안정기, <평범한 사람들의 비범한 영향력, 인플루언서>(2018)

유튜브가 성장하면서 짧은 글이나 사진으로 소통하던 인플루언서들은 보다 체계적인 영상 콘텐츠를 제작하게 됐습니다. 화장품을 찍은 사진, 제품에 대한 간단한 평가글 정도로 콘텐츠를 만들던 뷰티 블로거들은 메이크업 영상을 통해 변화하는 모습은 생생하게, 설명은 자세하게 전달하고 있습니다. 당장 야식을 주문하게 만드는 먹방 크리에이터는 단순히 먹는 모습뿐 아니라 '맛있게 먹는 소리'까지 들려주며 시청자를 사로잡고 있습니다. 블로그와 SNS에 글로 풀어내던 일상조차 '브이로그(Video+Blog)'라는 영상 콘텐츠로 진화했습니다. 이렇듯 인플루언서들은 과거에 비해 보다 효과적이고 차별화된 콘텐츠를 고민하고 있습니다.

코트라(KOTRA)는 영향력에 따른 인플루언서 구분법을 제시하고 있습니다. 수십만에서 수백만, 그 이상에게 영향을 미치는 인플루언서는 메가 인플루언서, 수만에서 수십만 구독자를 보유한 인플루언서는 매크로 인플루언서, 수천에서 수만 명을 확보한 인플루언서는 마이크로 인플루언서, 그리고 수백에서 수천 명의 팔로워를 보유한 SNS 이용자나 블로거는 나노 인플루언서로 구분합니다. 나노 인플루언서와 마이크로 인플루언서도 그들이 제작하는 콘텐츠 장르와 팔로워의 충성도에 따라 메가 인플루언서 못잖은 파급력과 효율을 보여줄 수도 있습니다.

초창기만 해도 인플루언서 마케팅은 '메가 인플루언서'에게 집중돼 있었습니다. 그들의 폭발적인 파급력을 활용하면 빠른 시간 내에 브랜드나 제품의 인지도를 높이는 것이 용이했기 때문입니다. 하지만 마케팅에 투입되는 비용이 만만치 않아지면서 마이크로 인플루언서를 활용하는 사례가 늘고 있습니다. 이 또한 팬들의 충성도와 경제성를 따진 결과입니다. 타깃 소비자가 세분화될수록 그에 걸맞은 마이크로 인플루언서의 저력도 점차 조명받게 되리라 예상됩니다.

그리고 현 시점에서 가장 주목받고 있는 인플루언서 집단이 바로 유튜브 크리에이터입니다. 이 동영상 창작자들은 뉴미디어 역사상 가장 새미있고, 생생히고, 유익한 기치를 창출히고 있으며, 새로운 직업으로서 가능성을 보여주고 있습니다.

유튜버? 스트리머? 크리에이터?
= 콘텐츠 크리에이터

유튜브는 모든 세대가 즐겨 사용하는 소셜 플랫폼이 됐습니다. 애플리케이션 분석 서비스 '와이즈앱' 조사 결과에 의하면 10대 사용자의 1인당 유튜브 평균 사용 시간(한 달 기준)은 1,895분이었습니다. 50대 이상 사용자의 유튜브 사용량도 크게 늘어서 이들의 유튜브 사용 시간 총합은 101억 분으로 모든 세대 중 1위를 차지하고 있습니다. 50대의 1인당 평균 사용 시간도 1,045분으로 10대, 20대에 이어 3위를 기록했죠.

유튜브 크리에이터 열풍은 10대의 장래희망에도 영향을 미치고 있습니다. 교육부와 한국직업능력개발원이 전국 1,200개 초·중·고등학생 2만 7,265명과 학부모 1만 7,821명, 교원 1,800명 등을 대상으로 조사한 '2018년 초·중등 진로교육 현황조사' 결과에 초등학생이 선호하는 장래희망 5위로 유튜버가 등장한 것이죠. 하지만 유튜브 크리에이터에 대한 정제된 정보는 아직 부족한 것이 현실입니다. 심지어 크리에이터를 지칭하는 표현도 플랫폼마다 천차만별이죠.

'창의적인 콘텐츠 제작자', 1인 미디어를 부르는 표현은 정말 다양합니다. 유튜브와 네이버TV는 크리에이터, 아프리카TV는 BJ(Broadcasting Jockey), 트위치(Twitch)는 스트리머, 카카오TV는 PD라는 용어를 사용합니다. 한국에서만 쓰는 표현인 BJ는 '인터넷 방송 진행자'라는 정체성을 그대로 드러내고 있습니다. 게임 콘텐츠 비중이 높은 트위치는 실시간 게임 방송을 송출한다는 의미에서 '스트리머'라는 표현이 적절한데요. 미국을 중심으로 한 해외 시장에서는 1인 미디어를 말할 때 '스트리머'라는 표현을 주로 사용합니다. 카카오TV는 PD라는 비교적 전통적인 명칭을 채택하고 있는데, 이는 사실 '프로듀서(Producer)'나 '프로그램 디렉터(Program Director)'의 준말이 아닌 '플레이 디렉터(Play Director)'의 약칭입니다.

유튜브는 게임, 뷰티, 키즈, 먹방, 브이로그, ASMR, 리뷰&언박싱, 뉴스 등에 이르는 다양한 콘텐츠가 생산되는 플랫폼입니다. 그래서 유튜브는 어느 한 분야를 대표하기보다는 '창작자'라는 본연의 정체성을 살리는 '크리에이터'라는 표현을 택하고 있죠. 일반 대중, 그리고 뉴스에서는 '유튜버'라는 표현을 자주 사용하는데요. 사실 유튜버는 '유튜브 플랫폼 사용자'를 말하는 표현에 가까워 적극적으로 콘텐츠를 제작하는 창작자를 아우르기에는 부족한 표현입니다. 따라서 이 책에서는 콘텐츠 창작자로서 '유튜브 크리에이터(크리에이터)'라는 표현을 사용하도록 하겠습니다.

크리에이터가 하는 일

2016년, 한국고용정보원은 21세기 신직업군으로 '미디어콘텐츠창작자(크리에이터)'와 '창작자 에이전트(MCN 사업자)'를 선정했습니다. 플랫폼과 기술의 변화로 취미가 직업으로 전환되는 '창직'의 한 갈래로 크리에이터가 주목받기 시작한 것입니다.

영상 콘텐츠를 기획·제작하는 국내의 미디어콘텐츠창작자는 유튜브와 아프리카TV, 네이버TV, 카카오TV, 트위치를 기반으로 활동합니다. 한국고용정보원이 규정하는 미디어콘텐츠창작자는 유튜브 크리에이터 외에도 페이스북, 인스타그램을 중심으로 활동하는 인플루언서를 포함하고 있습니다. 아프리카TV가 설립된 2006년도와 유튜브가 한국에서 본격적으로 서비스를 시작한 2008년 당시는 창작자들 역시 UCC 열풍의 연장선에서 취미로 영상을 올리는 수준이었습니다. 하지만 2013년 이후 유튜브가 활성화되면서 콘텐츠 제작을 통해 광고 등 수익을 거두는 크리에이터가 등장하며 산업적인 관점에서 주목받기 시작했습니다.

현재 한국에서 가장 인기 있는 주제는 게임이며, 뷰티, 키즈 분야도 빠르게 성장하고 있습니다. 크리에이터는 자신만의 콘텐츠를 가지고 있고, 트렌드에 민감한 사람이라면 누구든 도전할 수 있는 직업으로 주목받고 있습니다.

한국고용정보원이 발표한 크리에이터의 주요 직무는 다음과 같습니다.

 1. 찍고 싶은 영상 관련 주제를 수집하고, 이를 기반으로 주제와 내용을 정리해 세부적인 대사, 출연진, 촬영 도구 등을 직접 기획, 구성한다. PD, 배우, 작가의 역할을 총망라하여 수행한다.

 2. 지상파 방송과는 달리 제작 과정이 축약되어 있기 때문에 리허설 등의 연습은 생략되는 경우가 많고 실제 촬영에서 대사나 연출 방법 등을 바로 수정하여 촬영한다.

 3. 촬영은 개별적으로 하는 경우도 있으나, 다른 사람이 도와줄 경우 촬영을 담당하는 PD와 영상 연출에 대해 논의하고 촬영에 들어간다.

 4. 편집 및 영상 업로드 작업을 한다.

 5. 개별 채널을 유지, 운영하면서 구독자를 확보하고 플랫폼 사업자와의 광고 수익을 공유해 수익을 창출한다.

크리에이터는 특별한 자격증이나 시험이 요구되지 않고, 학력과 전공의 영향을 상대적으로 덜 받는 직업입니다. 대신 영상 제작에 필요한 실무 지식과 핵심 콘텐츠를 창출하는 창의성이 요구됩니다.

크리에이터는 개인 또는 팀으로 활동하거나 MCN(MultiChannel Network), 콘텐츠 마케팅 에이전시에 소속돼 활동합니다. 크리에이터는 보다 안정적인 수익 구조를 만들기 위해 광고 협업뿐 아니라 방송 출연, 강연, 상품 제작, 출판 등 개인의 영향력을 활용할 수 있는 활동을 병행하기도 합니다.

여기서 잠깐! MCN이란?

'다중 채널 네트워크' MCN(Multi Channel Network)은 1인 창작자의 콘텐츠를 유통·판매하고 광고를 유치하며, 구독자 확대, 디지털 저작권 관리, 크리에이터 간 공동 작업 등 콘텐츠 사업자에게 필요한 업무 전반을 지원하고 수익을 나누는 사업입니다. 크리에이터를 발굴하고 파급력 있는 크리에이터로 성장할 수 있도록 육성, 관리해 주는 기획사이기도 합니다. 유튜브를 통한 광고 시장이 커지면서 메이커 스튜디오, 어썸니스TV, 풀스크린, 머시니아 등이 미국에 설립됐고, 한국에서도 CJ ENM이 2015년에 론칭한 DIA TV를 필두로 비디오 빌리지, 샌드박스네트워크, 트레저헌터, 레페리 등이 MCN 산업을 이끌고 있습니다.

크리에이터에게 필요한 자질

유튜브 크리에이터를 단 하나의 직업에 비유해야 한다면 '사업가'일 것입니다. 자신만의 아이템과 정체성을 기획해 만들어 낸 콘텐츠를 기반으로 사업을 펼쳐나가는 사람들이기 때문입니다. 그래서 크리에이터에게는 제조회사의 대표 상품과 같은 '핵심 콘텐츠'가 있습니다. 물론 단순히 취미로 가볍게 채널을 운영하는 크리에이터가 아닌 유튜브를 통해 수익을 추구하려는 이들에게 해당되는 말이겠죠.

사업가는 다양한 자질이 복합적으로 요구되는 직업입니다. 유튜브 크리에이터 역시 콘텐츠의 콘셉트를 기획하는 '서비스 기획자'의 자질과 콘텐츠를 제작하는 'PD'로서의 자질, 구독자(소비자)를 분석하고 결과를 영상 기획과 홍보에 반영할 줄 아는 '마케터'의 자질이 요구됩니다. 여기에 콘텐츠를 직접 진행할 수 있는 '진행자'로서의 능력도 필요합니다. 광고 유치와 제품(굿즈) 제작, 출판 등 수익 모델을 만드는 '사업가 본연의 역할'도 요구되죠. 각자의 역할이 나뉘어 있는 방송국이나 드라마 제작사, 프로덕션 등 기존 미디어 콘텐츠 제작자와 크리에이터가 직업적으로 다를 수밖에 없음을 알 수 있는 부분입니다.

그리고 크리에이터에게는 자신의 콘텐츠를 소비하는 팬들과 친밀하게 소통할 수 있는 '엔터테이너'로서의 자질이 요구되기도 합니다. 댓글을 읽어주고, 후원금을 보낸 팬에게 리액션을 보여주는 것, 구독자가 요청한 소재로 영상을 만드는 것 모두 팬과의 소통을 위해서입니다. 모든 크리에이터가 팬들과 밀접한 관계를 형성하는 것은 아닙니다. 하지만 팬들의 요구사항이나 피드백을 적극적으로 반영하고, 라이브 방송을 진행하면서 그들의 이야기를 들어주는 것은 크리에이터로서 한 발짝 더 성장할 수 있는 계기가 됩니다.

이렇게 복합적인 특성은 누구에게나 열려있는 크리에이터라는 직업이 되레 그 어떤 직업보다 어렵게 느껴질 수 있는 이유이기도 합니다. 높은 조회수와 수입, 나에게 찬사를 쏟아내는 구독자들 같은 유튜브 크리에이터의 성공 사례만 보고 뛰어들었다가 쉽게 포기하는 사람들이 많습니다. 그래서 필요한 기본 바탕이 '성실함' 또는 '꾸준함'입니다. 유튜브 등 소셜 플랫폼은 '꾸준히 콘텐츠를 업로드 하는 사람'을 '괜찮은 크리에이터'로 판정하는 알고리즘을 가지고 있습니다. 유튜브뿐 아니라 블로그, 페이스북, 인스타그램 모두가 마찬가지입니다. 자신의 제작 환경에 맞게 콘텐츠를 편성할 줄 아는 것도 좋은 크리에이터가 되는 밑바탕입니다.

크리에이터와 관련된 특성

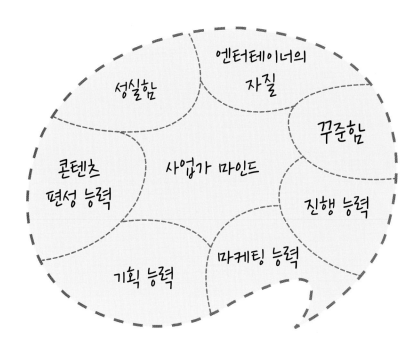

성실함

엔터테이너의
자질

꾸준함

콘텐츠
편성 능력

사업가 마인드

진행 능력

기획 능력

마케팅 능력

"크리에이터에게 필요한 자격 요건에는 어떤 것이 있을까요?"

톡(Talk)!
겨울서점

아무래도 성실성이 가장 중요하죠.

첫 번째는 '성실성'. 크리에이터는 무엇보다도 꾸준히 영상을 만들어서 올릴 수 있는 성실함이 있어야 가능한 일입니다. 그리고 좋은 것과 재미있는 것, 신선한 것, 실용적인 것을 알아볼 수 있는 '안목'도 중요하고요. 너무 걱정하지 않고 일단 영상을 만들어서 유튜브에 올려 보는 '용기'가 있어야 시작할 수 있는 일이에요.

톡(Talk)!
부기드럼

'흐름', '추진력', '흔한 열정'.
이 세 가지가 필요하다고 생각합니다.

좀 추상적일 수 있는데 일상 속에서 '흐름'을 볼 줄 알아야합니다. 본인이 관심을 갖고 잘하는 분야라든지, 모임의 분위기, 인간관계까지 어떻게 흘러가는 지 볼 줄 알아야 사람들이 반응할 만한 콘텐츠를 만들 수 있게 되는 것 같아요. 두 번째는 '추진력'이에요. 세상이 움직이는 속도가 많이 빨라졌기에 추진력이 있어야 빠르게 따라갈 수 있고, 더 나아가 움직임을 주도할 수도 있습니다. 마지막으로 '흔한 열정'이 필요하죠. 모든 것은 열정이 있어야 할 수 있습니다. 진리는 항상 가까이 있다는 말처럼 모두가 아는 흔한 열정에서부터 시작되는 것 같아요.

크리에이터는 나만의 정체성을 유지하는 것이 중요해요.

'나를 보여주고자 하는 욕구', 무엇인가 만들어 내고 싶고 알려주고 싶고 공유하고 싶은 그런 욕구가 있어야 합니다. 나를 보여주고 내 이야기를 하는 자체가 용기가 필요한 일인 것 같은데요. 그러기 위해선 '나만의 차별화된 매력'이 필요합니다. 다른 크리에이터들을 따라하는 것보다 자신만의 독특하고 고유한 매력을 과감히 드러낼 수 있어야 합니다. 그리고 '나만의 가치'가 있어야 한다고 생각합니다. 기발한 아이디어와 기획력, 유연성도 중요하지만 지속적으로 콘텐츠를 만들어 내다보면 정체성을 잃기 쉬운데, 그럴수록 다양한 모습을 보여주되 자신만의 소신과 철칙을 정하고 지키는 것도 필요할 것 같습니다.

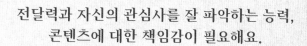

전달력과 자신의 관심사를 잘 파악하는 능력, 콘텐츠에 대한 책임감이 필요해요.

우선 '전달력'이 좋아야 합니다. 저희 팀 3명 중 에그박사를 MC로 둔 이유도 내용 전달력이 좋고 텐션이 높기 때문이에요. 전달력이 좋으니 대중들, 시청자들을 콘텐츠 속으로 끌어당기는 흡입력도 좋을 수밖에 없습니다. 또 크리에이터는 '자기가 관심을 갖고 있는 분야'나 '좋아하는 주제'를 갖고 있어야 해요. 콘텐츠를 만든다는 건 의외로 꾸준하기 힘든 일인데, 좋아하는 게 있어야 재밌게 오랫동안 영상을 만들 수 있으니까요. 그리고 본인 콘텐츠의 파급력을 알고 '책임감'을 가져야 돼요. 저희는 어린이들이 주로 보는 채널이라 더 그렇죠.

톡(Talk)!
킴닥스

계속 새로운 콘텐츠를 보여줄 수 있어야 해요.

유튜브 크리에이터는 꾸준해야 빛을 보는 것 같아요. '내 콘텐츠를 완성하기 위해' 근성이 필요해요. 기획부터 촬영, 편집, 자막 작업까지 긴 과정을 거쳐 콘텐츠를 만들어야 하는데 매듭을 짓지 못하면 안 되겠죠.

크리에이터로서 계속 새로운 콘텐츠를 보여줄 수 있다는 이미지를 심어주는 것도 중요합니다. 그게 부담이 되기도 하지만 그 부담도 즐길 줄 아는 사람이 크리에이터라고 생각해요. 부지런히 아이디어를 내고 영감을 얻기 위해 고민하는 자세가 필요하죠.

마지막으로 친근함은 크리에이터에게 가장 중요한 요건입니다. 크리에이터는 연예인보다 사람들에게 훨씬 친밀하게 다가갈 수 있기 때문에 대중과 관계를 만들고 애정과 유대감을 쌓아갈수록 더 많은 사람들이 나를 찾게 되고, 그것이 수많은 크리에이터 사이에서 나를 빛내는 비결입니다.

톡(Talk)!
마이린

악플이나 무심한 반응을 이겨내는 마음가짐이 필요해요.

유튜브 채널을 만들고 시작하기는 쉽지만, 유튜브 영상을 꾸준히 제작해 업로드 하고 운영하는 것은 힘든 일입니다. 특히 운영 초반에 시청자들의 반응이 별로 없거나 악플이 달리면 쉽게 좌절하는 친구들도 많이 볼 수 있는데요. 초반 반응과 상관없이 꾸준히 시청자들이 어떤 콘텐츠를 좋아하는지 연구하는 성실한 태도가 꼭 필요하다고 생각합니다. 그리고 모든 이들이 내 콘텐츠를 좋아할 수는 없기 때문에 악플이나 무심한 반응을 이겨내는 심리적인 관리도 필요하죠.

내가 생각하고 있는 크리에이터의
자격 요건을 적어 보세요!

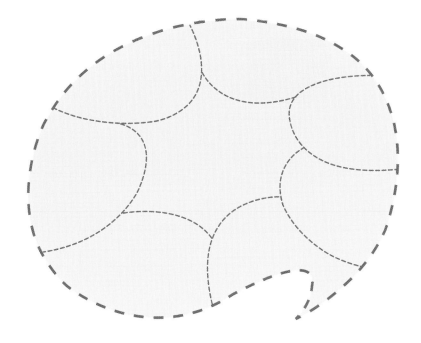

크리에이터의 주요 분야

YouTube

　유튜브가 거대 플랫폼이 되면서 다양한 크리에이터가 등장했고, 그들이 만들어내는 콘텐츠의 종류도 기하급수적으로 늘어났습니다. 유튜브는 영상을 업로드 할 때 15가지 주제(영화/애니메이션, 자동차, 음악, 동물, 스포츠, 여행/이벤트, 게임, 인물/블로그, 코미디, 엔터테인먼트, 뉴스/정치, 노하우/스타일, 교육, 과학기술, 비영리/사회운동)로 콘텐츠를 구분하게 되어 있습니다. 모든 크리에이터는 이 열다섯 개 주제 중 하나를 선택해서 영상을 올리게 됩니다. 콘텐츠의 주제는 곧 크리에이터가 개설한 채널의 기초적인 정체성과 연결됩니다.

　국내 최대 MCN인 DIA TV는 '게임·엔터테인먼트·뷰티·푸드·키즈 패밀리'로 크리에이터를 구분하고 있습니다. 한국의 대표 크리에이터라고 할 수 있는 '대도서관'은 게임, '윰댕'은 엔터 크리에이터로 분류돼 있습니다. '발없는새' 등 영화 크리에이터나 '어썸하은' 같은 A&P(아티스트&프로페셔널) 크리에이터도 엔터테인먼트에 속합니다. '씬님', '킴닥스' 등 메이크업 튜토리얼 영상을 제작하는 이들은 뷰티 크리에이터이며, '홍사운드', '나도' 같이 '먹방'으로 시청자에게 행복을 선사하는 푸드 크리에이터도 있습니다. 물론 푸드 분야에는 음식을 만드는 '쿡방'이 포함되죠.
　여러분의 청각을 자극하는 'ASMR' 크리에이터는 다루는 소재에 따라 카테고리가 달라집니다. 먹는 소리를 들려주는 크리에이터는 푸드 분야로, 상황극을 하거나 이야기를 들려주는 ASMR 채널은 엔터 분야에 속합니다. '마이린TV', '라임튜브', '유라야 놀자', '간니닌니 다이어리' 등이 활동하는 키즈 분야는 유튜브의 성장을 이끈 주요 카테고리 중 하나입니다.

유튜브 크리에이터의 매력 중 하나는 '취미가 곧 일'이 되는 '덕업일치'가 가능하다는 점입니다. 20년 넘게 건담 프라모델을 만들어 온 '건담홀릭' 채널을 비롯하여 영화와 애니메이션 리뷰를 올리는 크리에이터 등을 예로 들 수 있습니다. 국내외 게임, 애니메이션 캐릭터를 심도 있게 소개하며 주목받은 '뻗펀'도 마찬가지입니다.

만국 공통어인 '음악'을 다루는 크리에이터들의 파급력은 상당합니다. 국내 최초로 1,000만 구독자를 넘어서며 유튜브 '다이아몬드 버튼'을 받은 '제이플라'는 누적 조회수 22억 뷰를 자랑하고 있는데요. 기타리스트 '정성하' 씨도 2006년부터 유튜브에 올린 연주 동영상이 계속 쌓이면서 현재는 구독자 571만 유튜브 스타가 됐습니다. 기존 대중가요 시스템 속에서 주목받기 어려웠던 가수들이 유튜브를 통해 존재감을 보여주기도 합니다.

유튜브 시청층이 전 연령대로 확대되면서 최근 주목받는 분야는 '전문 영역'입니다. 의사들이 모여 온라인에서 건강에 대한 이야기와 의학 상담을 진행하는 '닥터프렌즈', 변호사 브이로그로 주목받으며 구독자 12만 명의 채널이 된 '킴변'을 대표적인 사례로 들 수 있습니다. 이런 채널은 자신의 이야기를 그대로 들려줘야 하기 때문에 브이로그나 토크형 콘텐츠가 많습니다. '두더지가 농작물에 주는 피해' 영상으로 조회수 450만 건을 기록한 '성호육묘장' 채널(구독자 약 13만 명)도 비슷한 케이스로 볼 수 있겠습니다.

크리에이터를 위한 크리에이터가 나타나기도 합니다. 영상 제작에 필요한 노하우를 튜토리얼 영상으로 제작하는 '비됴클래스', '편집하는 여자', '용호수 스튜디오' 등을 들 수 있습니다. '유튜브랩'은 크리에이터를 위해 오늘도 유튜브를 분석하고 있습니다. 이들은 영상을 처음 시작하거나 더 세련된 영상을 제작하고 싶은 크리에이터들의 파트너이자 선생님으로서 새로운 생태계를 만들어가고 있습니다.

유튜브라는 플랫폼은 기존 장르의 변화를 이끌어내기도 합니다. 플레이리스트의 '연애플레이리스트', '에이틴', 와이낫미디어의 '전지적 짝사랑 시점', '오피스워치' 등으로 대표되는 '웹드라마'가 그 선두에 있습니다. TV 드라마에 비해 재생 시간이 짧은 웹드라마는 10~20대 시청자를 중심으로 인기를 끌고 있습니다. 때로는 B급 감성의 장이 되기도 합니다. 대중은 '병맛더빙'으로 유명한 '장삐쭈'를 보며 화면과 절묘하게 어우러지는 입담에 폭소를 터뜨리기도 하죠.

'뉴스 실험의 장' 역시 유튜브의 일면입니다. YTN, jtbc, SBS 등 대형 방송사와 언론사가 하나 둘 유튜브에 최적화된 콘텐츠를 만들어내고 있습니다. 조금 더 세분화된 시청자를 대상으로 하는 미디어 스타트업의 주 무대 역시 유튜브입니다. 기성 언론의 뉴스에 흥미를 잃은 10대 후반~20대 초반 시청자들은 1인 미디어 채널 '쉬픽쳐스'의 '뼈 때리는' 설명과 '닷페이스'가 전달하는 '새로운 상식'에 박수를 보냅니다.

크리에이터는 제품에 대한 생생한 정보를 알려주기도 합니다. 스마트폰, 카메라부터 이어폰, 커피머신, 미세먼지 마스크까지 리뷰 하는 '디에디트'의 진행력과 깔끔한 편집은 소비자에게 신뢰를 선사합니다. '모터그래프', '모터리언'과 같은 자동차 전문 채널과 IT 제품을 주로 다루는 '잇섭'은 전문가보다 더 전문가다운 설명이나 전문가들이 미처 알지 못한 관점으로 정보를 전달합니다.

'어떤 크리에이터가 될 것인가'라는 질문에 대한 답은 콘텐츠 주제를 정하는 것에서부터 시작됩니다. 크리에이터는 유튜브나 대형 MCN이 구분하는 콘텐츠 주제를 1차적으로 정하고, 무궁무진한 소재들 속에서 다른 크리에이터와의 차별성을 찾기 위해 더욱 자세한 콘셉트를 고민하게 됩니다.

인기 장르와 주요 크리에이터

① 게임 크리에이터

게임 크리에이터는 실시간 방송을 통해 크리에이터가 직접 게임을 플레이 하며 리뷰 하는 콘텐츠를 주로 제작합니다. 게임 분야에서 한국 최초로 구독자 200만 명을 돌파한 '도티'와 구독자 180만 명의 '양띵'은 '마인크래프트'라는 게임을 중심으로 채널의 아이덴티티를 형성해 나갔습니다. '리그오브레전드'의 페이커와 전직 '스타크래프트' 프로게이머들도 게임 채널을 운영하고 있습니다. '대도서관'은 '병맛 게임' 콘셉트로 다양한 게임을 수행하는 영상을 꾸준히 제작하고 있습니다. 다른 분야에 비해 라이브 방송 비중이 높으며, 유튜브와 트위치 또는 아프리카 TV를 함께 운영하는 크리에이터가 많습니다.

대표 크리에이터: 대도서관, 도티, 양띵, 풍월량, 흑운장TV 등

② 뷰티 크리에이터

뷰티 크리에이터는 메이크업 과정이나 '데일리 코디', '신입생 데일리룩' 같은 패션 스타일링 콘텐츠를 제작합니다. 화장법을 소개하면서 화장품 리뷰를 진행하기도 하고, 아이돌 가수나 할리우드 스타의 '커버 메이크업' 콘텐츠를 만들기도 합니다. "함께 준비해요"라는 뜻의 '겟 레디 위드 미(GRWM)'라는 표현을 유행시키기도 했습니다. 어느 정도 영향력을 갖춘 뒤 일상을 브이로그로 제작해 업로드 하는 식으로 콘텐츠를 넓혀가는 뷰티 크리에이터가 많습니다.

대표 크리에이터: 씬님, 이사배, 포니, 회사원A, 김닥스 등

③ 키즈 크리에이터

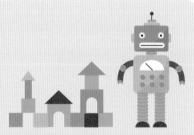

'어린이'를 주 시청층으로 한 크리에이터로 장난감 리뷰, 실험, 애니메이션 등 다양한 콘텐츠를 제작합니다. '캐리와 장난감 친구들'을 필두로 '토이푸딩', '토이몬스터', '유라야 놀자' 등의 장난감 리뷰, 놀이 채널이 인기를 끌고 있습니다. '마이린TV'나 '뚜아뚜지TV', '간니닌니 다이어리', '말이야와 친구들'처럼 어린이가 직접 진행하는 채널도 있으며, 동물이 주인공인 채널도 많습니다. 초등학생들이 궁금해 하고 그들의 눈을 사로잡을 수 있는 실험 콘텐츠를 제작하는 '허팝'과 같은 크리에이터도 있습니다.

대표 크리에이터: 헤이지니, 토이푸딩, 마이린TV, 유라야 놀자, 라임튜브 등

④ 푸드 크리에이터

푸드 분야는 크게 음식을 만드는 '쿡방'과 음식을 먹는 '먹방'으로 나눠집니다. 특히 먹는 모습 그대로를 보여주는 콘텐츠인 '먹방'은 한국에서 시작돼 2010년대 중반 이후 전 세계적으로 인기를 끄는 콘텐츠로 자리 잡았습니다. '밴쯔', '소프', '나도', '홍사운드' 등이 한국을 대표하는 먹방 크리에이터입니다. 일부 크리에이터는 직접 요리를 해서 먹방으로

연결시키기도 합니다. '꿀키'나 '승우아빠', '만개의 레시피'처럼 자신만의 레시피를 소개하는 크리에이터도 존재하며, 쿡방과 아웃도어 라이프 스타일 콘셉트가 결합된 '캠핑한끼' 채널은 캠핑장에서 만드는 요리 과정을 고퀄리티 촬영을 통해 보여주기도 합니다.

대표 크리에이터: 밴쯔, 소프, 꿀키, 나도, 홍사운드 등

⑤ 언박싱&리뷰 크리에이터

스마트폰, DSLR, 미러리스, 액션캠 등 IT 제품이나 TV, 에어컨, 공기청정기 같은 가전제품 등을 리뷰 하는 크리에이터가 여기에 속합니다. 대개는 제품 개봉기(언박싱)와 자세한 리뷰 콘텐츠로 나눠집니다. 리뷰 크리에이터들은 사회적으로 주목받는 제품이나 장소, 서비스를 직접 체험해 보고 장단점을 분석합니다. 자동차만 리뷰 하는 크리에이터가 있고, 한국에 오픈한 커피 브랜드 '블루보틀'이나 새로 오픈한 캐릭터 팝업 스토어에 방문하여 자신의 감상을 표현하는 크리에이터도 있습니다. '신상' 식품이나 음료는 먹방 형식을 빌린 리뷰 콘텐츠로 해석할 수도 있습니다.

대표 크리에이터: 잇섭, 언더케이지, 모터그래프, 디에디트, 가전주부 등

⑥ 그 외 수많은 인기 카테고리들

영화

한국인들의 여가 생활 1위인 영화를 리뷰 하는 크리에이터들입니다. 영화 부문 파워블로거 출신 유튜브 크리에이터 '발없는새'를 비롯해 '드림텔러', '빨강도깨비', '민호타우르스', '백수골방', '삐맨' 등이 이 분야 주요 크리에이터입니다. 마블 시리즈로 대표되는 슈퍼히어로 무비나 국내외 인기 영화 등 대중적인 상업 영화의 리뷰가 대부분이지만, 독립영화나 국내에서 큰 인기를 끌지 못한 외화를 리뷰하기도 합니다. 일부는 '왕좌의 게임' 같은 해외 인기 드라마 시리즈를 리뷰하기도 합니다.

음악

음악 크리에이터들은 주로 인기곡을 커버하거나 연주하며, 일부는 자작곡을 올리기도 합니다. 유튜브에서 유명한 보컬리스트로는 '제이플라'와 '라온'을 들 수 있습니다. 인기 연주자에는 '정성하', '부기드럼' 등이 속합니다. 최근에는 기존의 대중 가수들이 유튜브를 개설해 가창력을 뽐내기도 합니다. 홍대입구 일대에서 버스킹을 진행하는 아티스트들과 피아노 연주, 클래식 연주 영상을 올리는 크리에이터도 있습니다. 창작 안무나 댄스 커버를 업로드 하는 '원밀리언 댄스 스튜디오' 같은 댄스 팀도 이 카테고리에 포함할 수 있습니다.

동물

동물을 소재로 한 크리에이터들로 일부는 키즈 채널에 속하기도 합니다. 반려동물을 키우는 문화가 확대되면서 반려묘를 기르는 '수리노을', '김메주와 고양이들'이 대표적인 고양이 집사 크리에이터로 떠올랐습니다. '아리둥절'과 '제이알프' 같이 반려견을 다루는 채널도 존재하며, 고슴도치나 미니피그 등 다소 생소한 반려동물을 키우는 크리에이터도 있습니다. '정브르', '에그박사' 같이 곤충을 소재로 한 유튜브를 운영하는 크리에이터도 인기를 끌고 있습니다.

정보

특정 주제에 관한 정보를 알려주는 크리에이터들이 여기에 속합니다. 시청자들의 궁금증을 해소해 주는 '사물궁이 잡학지식'이나 게임, 애니메이션, 축구 팀 등에 대한 정보를 알려주는 '뻔펀', 정치와 역사 등을 다루는 '효기심', 전문적인 과학 지식을 쉽게 설명해 주는 '1분 과학' 등을 들 수 있습니다. 정보 분야 크리에이터는 꾸준히 증가하고 있으며 소재도 인문학, 역사, 스포츠, 연예, 과학, 의학 등으로 무궁무진합니다.

개그

몰래카메라, 실험카메라, 더빙 등 대중에게 웃음을 주는 콘텐츠를 제작하는 크리에이터도 있습니다. '수상한 녀석들', '보물섬', '비슷해보이즈' 등이 몰카나 실험카메라 형식을 선택한 대표적인 크리에이터입니다. 더빙 영상은 기존 영상을 좀 더 높은 퀄리티로, 혹은 더 재밌게 구성해 녹음하기도 하고, '병맛 더빙'처럼 완전히 다른 내용으로 구성해 인기를 얻기도 합니다. 이 분야에서는 '장삐쭈'의 인기가 압도적입니다.

ASMR

ASMR은 '자율감각 쾌락반응'이라는 뜻으로, 소리를 통해 심리적인 안정을 유도하는 장르입니다. ASMR은 유튜브뿐 아니라 소리가 중심인 팟캐스트에서도 인기 있는 콘텐츠입니다. 스티로폼이 잘리는 소리나 만년필 소리, 바람 부는 소리, 바람에 수풀이 흔들리는 소리 등으로 힐링을 하고 싶은 시청자들이 이 분야의 콘텐츠를 소비합니다. ASMR 크리에이터는 '먹방' 요소를 삽입해 치킨 뜯는 소리, 식용색종이 먹는 소리를 녹음하기도 하며, 다양한 상황극을 통한 스토리텔링 콘텐츠를 제작하는 경우도 많습니다. 대표적인 크리에이터로 '데이나 ASMR', '뽀모' 등이 있습니다.

브이로그

비디오(Video)와 블로그(Blog)의 합성어로 '동영상으로 보여주는 일상'을 말합니다. 특정 분야에서 인기를 얻은 크리에이터들이나 이미 인지도를 확보한 연예인들이 제작하는 경우가 많습니다. 최근에는 변호사 브이로그, 농부 브이로그와 같이 특정 직업 종사자들의 일상을 보여주는 브이로그가 확산되는 추세입니다.

크리에이터의 좋은 점 · 힘든 점

톡(Talk)!
부기드럼

| 좋은 점 |
매일 다른 내일을 준비하고 생각하게 돼요.

크리에이터는 생각을 멈출 수 없는 직업입니다. 보통 직장 생활을 하면 '내일 일정도 뻔하겠지'라는 생각이 들 때가 많고, 그러면 별 생각 없이 내일을 맞이하게 되는데 크리에이터는 달라요. 항상 다른 작업, 다른 콘텐츠를 생각하게 되죠. 계속 내일을 생각하게 만든다는 점에서 매력적인 일 같습니다.

톡(Talk)!
유라야 놀자

| 좋은 점 |
틀에 박히지 않고 자신의 역량을
마음껏 펼쳐볼 수 있다는 점이 좋아요.

프리랜서의 매력과 비슷한 것 같습니다. 저는 배우와 모델, 리포터 일을 해왔기 때문에 일반적인 직장 생활을 경험해보지는 못했지만, 수평적인 관계 위에서 콘텐츠를 만들고 있어요. 제가 잘할 수 있는 분야에서 역량을 펼칠 수 있는 것과 틀에 박히지 않고 계속 변화할 수 있는 일이라는 점이 매력적입니다.

톡(Talk)!
겨울서점

| 좋은 점 |
나의 관심사를 다른 사람들과 공유하며
소통할 수 있다는 점이 좋습니다.

시청자와 1대1의 관계를 맺을 수 있다는 점, 몰랐던 사람들과 친밀한 관계를 만들어나갈 수 있다는 점이 좋고 매력인 것 같습니다. 저는 책을 다루니까 책에 관심 있는 사람들끼리 모여 있다는 느낌이 들어서 좋고, 좋아하는 분야를 함께 즐겁게 이야기하는 자체가 좋죠. 제 영상이 누군가에게 영감을 주거나 가치관에 영향을 줄 때 보람을 느끼기도 합니다.

톡(Talk)!
킴닥스

| 좋은 점 |
항상 나의 곁에서 함께 해주는 사람들에게
감사하고 있어요.

요즘 느끼는 가장 큰 매력은 사람들입니다. 행사장에서 한 시간짜리 라이브 방송을 하는데 먼 길을 달려와서 봐주시는 분들, 프로젝트를 진행할 때 관심을 가져주고 참여해주시는 분들이죠. 예전에는 자신만의 일을 할 수 있다는 걸 크리에이터의 매력으로 꼽았는데, 요즘은 제가 뭘 할 때, 함께해 줄 사람들이 있다는 것에 감사드리게 돼요.

| 좋은 점 |
크리에이터이기에 새로운 경험을 할 수 있어요.

　크리에이터에게 가장 좋은 순간은 "오늘 영상이 재밌다", "꾸준히 잘 보고 있다", "응원한다"라는 시청자들의 댓글을 보는 순간들이에요. 이런 댓글들이 지치지 않고 영상을 꾸준히 올리게 만드는 원동력이 됩니다. 그리고 '새로운 경험을 할 때' 크리에이터를 하길 잘했다는 생각이 들어요. 크리에이터가 아니었다면 할 수 없었을 다양한 경험을 하면서 보람을 느끼고, 새롭게 학습할 수 있는 기회가 많이 생겨서 좋아요.

| 좋은 점 |
시간에 구애받지 않고 즐겁게 일할 수 있습니다.

　시간을 자유롭게 쓸 수 있어서 좋습니다. 좋아하는 걸 직업으로 삼으니 즐기면서 일할 수 있어서 회사에서 받던 업무 스트레스도 거의 안 받죠. 늦게까지 영상을 만들어야 하는 날도 즐기면서 보내는 편이에요.

톡(Talk)!
킴닥스

| 힘든 점 |

구독자들의 응원으로 힘든 것도 극복해낼 수 있어요.

힘든 점은 혼자 일하니까 일과 휴식, 평일과 주말의 경계가 없어져서 체력적으로 벅찰 때가 많다는 점인데요. 그래도 스케줄을 나름대로 분배해 극복하고 있습니다. 악플로 힘들어하는 크리에이터들이 있는데 저희 구독자들은 다들 착한 분들 같아요. 다들 말씀을 예쁘게 하셔서 그런 스트레스는 별로 없어요. 힘든 일이 생겨도 고생했던 걸 잊고 극복할 수 있는 힘이 바로 구독자들이에요.

톡(Talk)!
겨울서점

| 힘든 점 |

지속성에 대한 의문은 늘 가지고 있어요.

'언제까지 계속할 수 있을까'라는 고민은 분명 있습니다. 제 콘텐츠가 떨어질 수도 있고 체력이 따르지 못할 수도 있고요. 외부적인 이유로 콘텐츠를 꾸준히 제작하기 어려울 수도 있어요. 유튜브가 갑자기 망할 수도 있으니까요. 그런 고민을 하게 돼요.

| 힘든 점 |
힘든 점보다는 좋은 점이 더 많다고 생각해요.

특별히 힘들다고 느낀 적은 없습니다.

| 힘든 점 |
소득이 불안정하다는 것은 아무래도 고려해 볼 문제죠.

소득이 들쭉날쭉하다는 건 고민입니다. 에그박사 채널도 나름 성수기, 비수기가 있는데요. 날씨가 추운 겨울에는 시청자들도 저희 콘텐츠를 잘 안 보고, 봄이 되고 날이 좀 풀리면 조회수가 확실히 높아져요. 수익이 불규칙하다는 걸 감안할 필요가 있습니다. 그래서 새롭게 수익 모델을 구상하게 되죠.

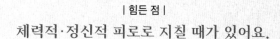

톡(Talk)!
유라야 놀자

| 힘든 점 |
체력적·정신적 피로로 지칠 때가 있어요.

　꾸준히 영상을 촬영해야 해서 체력적으로나 정신적으로 지치는 것만 빼면 특별히 힘든 점은 없는 것 같습니다. 몸이 지치더라도 아이들이 저를 '사랑한다'고 말해주는 걸 들으면 다시 힘이 생기더라고요. 힘든 것보다는 제가 가지고 있던 다양한 구슬을 하나로 꿸 수 있는 행운을 준 자리가 크리에이터라서 좋아요.

톡(Talk)!
마이린

| 힘든 점 |
꾸준히 변화하며 새로운 콘텐츠를 만드는 것은
힘든 과제예요.

　크리에이터가 아닌 학생으로서 제가 성장하기에 따라 관심사나 활동 내용이 변하게 되잖아요? 저뿐만 아니라 시청자들도 성장하면서 제 채널을 보는 이유가 계속 변하고요. 시시각각 변하는 시청자들의 수요에 맞추는 한편 저의 관심사와 활동을 꾸준히 변화해가면서 새로운 콘텐츠를 만드는 것이 중요합니다. 동시에 힘든 점 같고요.

유튜브 크리에이터의

생생
경험담

미리 보는 유튜브 크리에이터들의 커리어패스

킴닥스 김다은 | 중앙대학교 신문방송학 전공 〉 영화진흥위원회 인정 영화감독 데뷔

마이린 최린 | 초등학교 3학년 때 유튜브 활동 시작 〉 DIA TV 제1회 키즈크리에이터 선발

겨울서점 김겨울 | 고려대학교 심리학 전공 〉 디지털 싱글·미니앨범 발표

유라야 놀자 최다은 | 중앙대학교 유아교육학 전공 〉 연기자, 리포터, 광고 모델 활동

부기드럼 박영진 | 시나위 드러머 〉 BAADA·Myori 드러머

에그박사
김경윤 님 기준 | 동아대학교 관광경영학 전공 〉 창업 경험 다수

> 메이크업 아티스트
> 국가 자격 취득

> 현)유튜브 채널 '킴닥스' 운영
> (주)킴닥스 스튜디오 대표

> 중학교 입학

> 현)유튜브 채널 '마이린TV' 운영

> <독서의 기쁨>,
> <활자 안에서 유영하기> 출간

> 현)유튜브 채널 '겨울서점' 운영

> 중앙대 유아교육학과 대학원 진학
> → 킨더아카데미 근무

> 현)유튜브 채널 '유라야 놀자' 진행

> 현)유튜브 채널 '부기드럼' 운영

> 기획/마케팅 부서 근무

> 현)유튜브 채널 '에그박사' 운영

킴닥스의 명함을 받아들었다. 그의 말에 따르면 마지막 한 장 남은 명함이었다. 내 손에 들어온 킴닥스의 명함은 다채로운 색이 강렬하게 다가왔다 은은히 퍼져나가는 디자인이 인상적이었다. 킴닥스는 딱 자신의 명함 디자인 같은 사람이다. '52만 구독자를 보유한 뷰티 크리에이터'라는 말만으로는 킴닥스를 표현하기 모자라다. 그는 뷰티 크리에이터이자 영화감독, 우수한 학부생이면서 때때로 구독자에게 영감을 주는 멘토가 되기도 한다.

어린 시절, 킴닥스를 환상 속 세계로 초대한 디즈니를 소재로 유튜브 최초 웹 무비를 제작했고, 다큐멘터리를 촬영해 후원 사업으로 연결하기도 했다. 온·오프라인의 연결을 꿈꾸며, 영상 편집 프로그램 개발을 통해 구독자들을 하나 둘 영상의 세계로 초대하고 있다. 다양한 프로젝트를 꿈꾸고, 진행하며, 기어코 이뤄내는 그녀의 모습에 오늘도 팬들은 팔로우 버튼을 누른다.

나에게 감히 인플루언서를 추천할 수 있는 권한이 주어진다면? 선택은 두말할 것 없이 킴닥스다.

유튜브 채널 '킴닥스'

뷰티 크리에이터
킴닥스 | 김다은

- 유튜브 채널 '킴닥스' 운영(구독자 52만 명)
- 주식회사 킴닥스 스튜디오 대표
- 영화진흥위원회 인정 영화감독
- 중앙대학교 신문방송학부 졸업
- 메이크업 아티스트 국가자격 취득
- 페이스북 국제영화제 등 영화·영상제 다수 수상

크리에이터 킴닥스의 이력서

KIMDAX

뷰티 크리에이터 **킴닥스** ✔ **구독 52만**

유튜브 채널 가입일 • 2013. 6. 13.
누적 조회수 • 약 4,712만 뷰

PROFILE

이름
김다은

직업
- 유튜브 채널 '킴닥스' 운영
- 킴닥스 스튜디오 대표
- 영화감독

CAREER

경력
- 유튜브 채널 '킴닥스' 운영
- 주식회사 킴닥스 스튜디오 대표
- 영화진흥위원회 인정 영화감독
- 중앙대학교 신문방송학부 졸업
- 메이크업 아티스트 국가자격 취득
- 페이스북 국제영화제 등 영화·영상제 다수 수상

PLAY LIST

주요 코너
- ⚏ 시리즈 메이크업(웹툰·드라마·아이돌 메이크업 커버)
- ⚏ 일상 브이로그 '한주 한컵'
- ⚏ 웹 무비 'Fairytale in Life'
- ⚏ 다큐멘터리

BEST VIDEOS

킴닥스의 주요 영상들(조회수 기준)

❶ 한국판 디즈니 영화 'Fairytale in Life'
193만 뷰

❷ 베이비 코랄 메이크업
121만 뷰

❸ 킴닥스표 과즙상 메이크업 1탄 '복숭아상 메이크업'
92만 뷰

❹ [킴닥스 꿀단지] 코 모양별 컨투어링 '코 성형 메이크업'
84만 뷰

❺ 웹툰 커버 '여신강림' 주경이 메이크업
77만 뷰

꿈을 이루어 가기 위한 과정

▶ 안녕하세요. 크리에이터 킴닥스입니다

▶ 워너비 뷰티 행사에 참석했을 때

▶ 중앙대학교 졸업식

Question 간단히 자기소개 및 채널소개를 해주세요

저는 뷰티, 일상 그리고 그 이상에 관한 영상을 만들고 있는 크리에이터 킴닥스입니다. 유튜브에서는 구독자 52만 명이 사랑해주시는 뷰티 채널 '킴닥스'를 운영하고 있고, 커버 메이크업부터 일상, 웹 무비, 다큐멘터리 등 제가 보여드리고 싶은 다양한 영상을 올리고 있어요. '한국을 세계에 심는 영상제작자'라는 꿈을 꾸고 있고, 그 꿈을 이루는 과정에서 유튜브를 시작했어요. 이번에 대학교를 졸업하고 제 꿈을 더 구체적으로 이루기 위해 킴닥스 스튜디오라는 법인을 설립했습니다. 앞으로 영상을 통해 시청자들에게 '보는 경험', '만드는 경험', '온·오프라인을 융합하는 경험'을 선사해드리고자 해요.

Question 자신의 10대 시절을 돌아본다면요?

학생회장도 하고 반장도 했던 활발한 학생이었습니다. 그리고 좀 특이한 면이 있었던 것 같아요. 초등학생 때 학생회장에 출마했는데, 왜 정치인들 보면 '내가 당선되면 잔디를 깔겠다' 같은 지키지도 않는 뻔한 공약을 걸잖아요? 그런 게 너무 싫었던 거예요. 대신 학교에 '사랑의 우체통'을 만들어야겠단 생각을 했어요. 유세하는 날에 종이로 우체통 시안을 만들어 친구들에게 보여주면서 "나를 뽑아주면 서로 편지를 주고받을 수 있는 우체국 시스템을 만들겠다"고 말했어요. 친구들이 신기해했고 좋아해줬죠. 결국 학생회장이 됐고, 철물점에 가서 열쇠도 만드는 등 우체통을 열심히 만들어 학교에 설치했어요. 그리고는 각 반의 반장들에게 우체통 관리를 맡겼죠. 성공이나 실패를 두려워하기보다 만드는 것 자체가 즐거웠어요. 그런 경험이 지금 제가 프로젝트를 기획하고 추진하는 데 도움이 됐습니다.

나에게 큰 영향을 준 에피소드가 있다면요?

중학생 때 처음 영상을 만들었는데, 친동생들이 출연하는 뮤직비디오였어요. 가수가 되고 싶은 막내가 어른이 돼서 멋있게 춤추는 자신을 상상하는 내용의 뮤직비디오였죠. 20대가 되고 나서 다시 그 영상을 볼 기회가 있었는데 잘 만든 것 같더라고요. 고등학생 때는 영상 제작이 한없이 좋았습니다. 청개구리 심보가 있어서인지 공부를 강요하는 분위기가 싫기도 했고, 무엇보다 내 꿈을 찾아 나아가겠다는 마음이 컸어요. 한번은 영상대회에 참가하고 싶은데 마감이 얼마 안 남은 거예요. 그래서 선생님께 야간자율학습을 좀 빼달라고 말씀드렸는

데, 선생님께선 당연히 안 된다고 하셨죠. 그래서 자율학습을 다 하고 집에 와서 며칠 밤을 새서 기획하고, 영상을 완성해서 출품했어요. 만족할 만한 결과는 얻지 못했지만 그래도 열정에 차 있었던 그때 제 모습이 기억나요. 영상에 대한 갈망이 강했고, 언젠가 자유롭게 영상을 만들어보고 싶다고 생각하던 때였습니다.

유튜브에 관심을 갖게 된 계기는 무엇인가요?

'한국을 세계에 심는 영상제작자'라는 꿈이 너무 크잖아요? 꿈을 이루기 위해 영상을 많이 만들면서 내공을 쌓는 과정이 필요했습니다. '앞으로 더 많은 영상을 만들 텐데, 이 영상들을 그냥 갖고만 있어야 하나?'라는 생각이 들던 참에 제 영상을 다른 사람들에게 보여줄 수 있는 공간으로 유튜브가 눈에 들어왔어요. 그래서 영상을 올리기 시작했죠. 어쩌면 큰 꿈을 이루기 위한 과정에 유튜브가 있어서 지금 같이 잘 해낼 수 있었던 것 같기도 합니다.

크리에이터는 어떻게 시작하게 되셨나요?

유튜브 채널을 오픈한 건 2013년이었습니다. 지금처럼 많은 사람들이 유튜브를 볼 때는 아니었죠. 본격적으로 크리에이터를 시작한 건 2015년 1월이었어요. 2014년 하반기에 뷰티 MCN 레페리와 아모레퍼시픽이 진행했던 '뷰티크리에이터 양성 랩'을 듣게 됐어요. 이때 유튜브 크리에이터가 뭔지 알게 됐고, 뷰티 콘텐츠를 만들어야겠다고 생각했습니다. 그때는 '취미'로 시작했는데 지금 생각해보면 취미였기 때문에 부담스럽지 않았던 것 같아요.

유튜브에 영상을 띄엄띄엄 올리다가 2015년 겨울에 어머니께서 하신 말씀이 제 머리를 띵하게 만들었는데요. 어머니께서 제게 나중에 영화감독이 됐을 때 "김다은 감독님, 예전에 유명한 뷰티 크리에이터 아니셨나요?"라는 말을 들으면 좋지 않겠냐고 하셨죠. 기왕 하는 거, 열심히 해보라는 응원이었어요. 그래서 제대로 마음을 먹고 '커버 메이크업'이라든지 '변신'하는 느낌을 살리는 뷰티 콘텐츠를 만들게 됐습니다.

Question 킴닥스 김다은 님의 하루 일과는 어떤가요?

대학생 때는 학교를 다니면서 유튜브 영상을 만들고 행사도 가야 했어요. 스케줄이 많아서 일정이 꽉 차 있었죠. 그래서 킴닥스 스튜디오를 세우면서 스케줄을 체계적으로 관리해야겠다고 생각했습니다. 일주일에 하루~이틀은 촬영을 하고, 나머지 이틀은 편집 일정을 잡아요. 그러면 3일이 남는데 이 나머지 시간에는 기획하고 있는 여러 프로젝트를 진행할 수 있도록 시간을 분배하고 있습니다. 굉장히 다양한 일을 하고 있기 때문에, 혼선이 생기거나 어느 하나가 뒤처지면 안 된다고 생각했어요. 그래서 지금은 확실하게 분배해서 일하려고 해요.

크리에이터들은 혼자 일할 때가 많은데, 좀 더 규칙적인 루틴을 짜는 게 중요하다고 생각해요. 영상을 만들어 올려도 일이 안 끝나는 느낌이 들 때가 있는데요. 그러다 보면 휴일이 없어지고 내 생활이 망가지더라고요. 그래서 일주일에 하루 정도는 영어 공부나 독서를 하면서 제 자신에게 투자하는 시간을 가져요. 촬영하고 편집하는 일이 제 진심을 보여주기도 하지만 화려한 일이기도 하잖아요? 저는 '깊이'가 중요하다고 생각해서 스스로를 단단하고 건강하게 만들어 가기 위해 노력하고 있습니다.

Question ── 크리에이터라는 직업의 매력은 무엇인가요?

요즘 느끼는 가장 큰 매력은 사람들입니다. 행사장에서 한 시간짜리 라이브 방송을 하는데 먼 길을 달려와서 봐주시는 분들, 프로젝트를 진행할 때 관심을 가져주고 참여해주시는 분들이죠. 예전에는 자신만의 일을 할 수 있다는 점을 크리에이터의 매력으로 꼽았는데, 요즘은 내가 뭘 할 때 함께해 주실 분들이 있다는 것에 감사드리게 돼요.

Question ── 매력적인 콘텐츠의 조건은 무엇일까요?

크리에이터 스스로에게 매력적인 콘텐츠는 '내가 만족하는 콘텐츠'인 것 같습니다. 유튜브를 시작하고 싶은 분들도 자신이 좋아하고 만족하는 콘텐츠를 찍으면 좋을 것 같아

요. 당장 조회수나 수익이 높아지지 않더라도 버틸 수 있게 하는 원동력이거든요. 그리고 시청자들은 객관적이고, 크리에이터의 말과 행동에 민감해서 내가 싫은 걸 찍어 올리면 금방 알아채요. 좋아하는 걸 제작하면서 트렌드에 맞고 사람들과도 소통할 수 있는 콘텐츠로 제작 범위를 넓혀 가면 좋겠죠.

▶ 일상 콘텐츠 <한주한컵> 중 한 장면

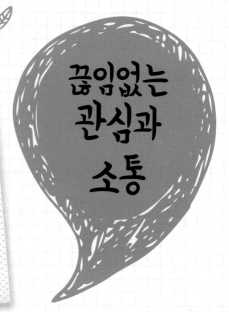
끊임없는
관심과
소통

▶ 면 생리대 기부 전달식

▶ 웹 무비 <Fairytale in Life> 오프라인 시사회

Question ## 제작 영감은 어디서 얻나요?

평소에도 생각을 아주 많이 하는 편이에요. 꾸준히 생각을 하다 보면 일상에서 영감을 받는 포인트가 늘어나는 것 같습니다. 카페에 간다고 하더라도, 머릿속으로 계속 콘텐츠를 만들 생각을 하고 있으니까 무심코 바라보는 풍경 속에서 영감을 받기도 하죠. 사업적인 관점일 수도 있는데요. 마치 새로운 앱이 나왔다고 하면 '사람들이 왜 이 서비스를 이용하지?', '다른 소비자들은 어떻게 생각할까?' 같은 생각을 하는 것처럼 말이죠. 그래서 유튜브 속 트렌드보다 사회가 변화하는 흐름을 보려고 해요.

유튜브에 국한해 이야기하자면 구독자들에게서 많은 영감을 받습니다. 댓글만 봐도 구독자들이 뭘 보고 싶은지, 어떤 포인트를 좋아하는지 알 수 있어요. 크리에이터를 하고자 한다면 시청자들과 많이 소통하고 이야기를 듣는 게 중요해요. 그런데 또 휘둘리면 안돼요. 사람들은 중심을 못 잡는 사람은 싫어하거든요. 사람들의 이야기를 잘 들어주면서도 나의 원칙을 유지하는 것이 중요합니다.

Question ## 첫 콘텐츠를 만들었을 때, 초기 제작 당시 시행착오가 있었나요?

어렸을 때부터 영상을 만들었기 때문에 제작하는 데 큰 어려움은 없었지만, 음향이 아쉽다고 말해주는 분들이 있었어요. 저도 영상을 올리면서 많이 배운 것 같은데요. 유튜브는 영상 제작자가 피드백을 받기 좋은 플랫폼입니다. 시청자들은 좋은 점, 아쉬운 점을 가감 없이 이야기하거든요. 영상을 만드는 사람보다 영상을 감상하는 분들의 의견이 훨씬 정확해요. 저뿐 아니라 많은 크리에이터 분들이 시청자 의견을 듣고 보완해 나가면서 영상 제작 실력을 높이고 있습니다.

일상 영상은 스마트폰으로 많이 찍어요. 대신 구도를 잘 잡고, 흔들리지 않도록 노력하죠. 대단한 촬영 장비나 컴퓨터 없이도 크리에이터를 시작할 수 있다고 생각합니다. 저는 포토샵으로 가는 선 하나를 그리면 꺼지는 컴퓨터를 갖고 처음 시작했는데요. 촬영 장비를 꼭 하나 추천해달라고 한다면, 유명 카메라 브랜드 중에 대중적인 기종 하나만 있으면 충분히 좋은 영상을 찍을 수 있습니다. 하지만 좋은 장비를 마련하는 건 그 이후인 것 같아요. 부담 없이 크리에이터를 시작하고, 제작을 거듭하면서 원하는 작업 방향이 생겼을 때 자기에게 필요한 장비에 투자하는 게 훨씬 효율적이에요.

오프라인 행사를 많이 만들고 있어요. 킴닥스 스튜디오를 설립하면서 사람들과 감성을 나누고 교감하는 프로젝트를 많이 기획하고 실행해보려고 해요. 그게 저만의 팬 커뮤니티를 강화하고 유지하는 방법인 것 같습니다. 크리에이터는 자기 채널의 스타일과 크리에이터의 개성에 맞는 팬 커뮤니티를 강화하고 유지하는 방법을 찾아가는 게 중요한데요. 저는 소통이 장점이라고 생각하고, 팬들도 적극적인 소통을 원해요. 그래서 구독자와 크리에이터가 아닌 사람 대 사람의 관계로 강화하기 위한 오프라인 행사를 열고 있습니다.

Question 크리에이터로 활동하며 뿌듯했던 에피소드가 있었나요?

영광스럽게도 뿌듯했던 순간이 참 많았습니다. 우선 제 영상을 보고 저희 대학교에 입학한 친구들이 많더라고요. 캠퍼스에서 실제로 만나면 '킴닥스님 영상을 보면서 힘들었던 수험 생활을 이겨냈다', '<한주한컵> 콘텐츠를 보면서 마음의 병을 치료했다', '우울증이 없어지고 도전을 시작했다'며 본인의 좋은 소식을 전해주시죠. 모니터 속 저를 보면서 속 깊은 이야기를 꺼낸다는 사실은 정말 고맙고, 저에게 영상을 계속 만들어 갈 힘을 줍니다.

Question 이 길을 선택한 걸 후회한 적은 없나요?

후회한 적은 당연히 없고요. 혼자 일하니까 일과 휴식, 평일과 주말의 경계가 없어져서 체력적으로 힘들 때가 많았습니다. 그래도 스케줄을 나름대로 분배하는 방법으로 극복하고 있어서 많이 괜찮아졌고요. 악플로 힘들어하는 크리에이터 분들이 있는데 저희 구독자들은 다들 착한 분들 같아요. 말씀을 예쁘게 하셔서 저는 악플 스트레스는 별로 없어요.

사실 힘든 일이 생겨도 그걸 극복할 수 있는 힘이 바로 구독자들이에요. 영상을 제작하는 과정은 정말 고되거든요. 그럴 때 저는 댓글을 보면서 힘을 얻어요. "위안이 되었어요", "고민이 해결됐어요" 같은 댓글을 보면 고생했던 것도 다 잊히죠.

크리에이터가 조심해야할 점이 있다면 무엇일까요?

　1인 미디어 시장이 빠르게 성장하고 있고, 크리에이터의 영향력이 저도 깜짝 놀랄 만큼 커졌습니다. 많은 사람들, 특히 어린 친구들까지 영상을 보고 영향을 받기 때문에 제작하는 콘텐츠에 대한 책임감을 많이 느끼게 돼요. 자극적인 영상을 만들어서 조회수를 올릴 수도 있겠지만, 크리에이터로서 롱런하고 싶고 사람들과 오랫동안 소통하고 싶다면 더 조심해야 한다고 생각해요. 콘텐츠와 채널의 파급력을 알고 책임감을 가진다면 실수할 일도 줄어들겠죠.

　제가 위안부 피해 할머니를 돕는 영상을 찍은 것도, 면 생리대 지원 캠페인과 보육원 지원 프로젝트를 진행하고 다큐멘터리를 촬영한 것도 그 때문입니다. 이런 콘텐츠가 시청자들과 더 깊게 공감할 수 있는 기회가 되기도 해요. '내가 구독하는 크리에이터가 사회적인 문제에도 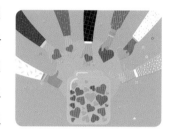 관심을 갖는 사람이구나'라고 공감을 하게 되면, 더 좋은 사람들이 계속 채널에 모이게 됩니다. 구독자 간에 유대감도 생기고 저를 신뢰하는 분들도 많아지죠. 선순환이 되는 것 같아요. 그래서 사회적 문제에 대한 관심과 책임감을 꾸준히 가질 필요가 있습니다.

크리에이터가 아닌 김다은 님은 어떤 분인가요?

　오랜만에 만난 친구가 "너는 여전히 신난 눈을 갖고 있다"고 말해줬는데 이 말이 바로 저 같아요. 그 친구는 고등학생 때 알게 된 친구인데, 최근 6년 만에 다시 만났어요. 고등학생 시절 뭔가를 시도하면서 즐거워하던 저를 기억하는 그 친구가 말하길, 혹시 크리에이터로 활동하면서 속세에 찌들어 버렸으면 어떡하나 걱정했대요. 이야기를 나누면서 제게 '넌 여전히 똑같다'고 말해주는 걸 들으며 제가 항상 꿈꾸고 있는 사람이란 걸 다시 깨닫게 됐어요. 앞으로도 즐거운 에너지와 열망하는 마음을 전하며 살고 싶습니다.

불규칙한 생활 속에서 시간관리, 건강관리는 어떻게 하시나요?

기본적인 체력이 좋은 편이라고 믿고 있었어요. 그런데 한 해 한 해 나이를 먹을 때마다 체력이 떨어지는 게 느껴지더라고요. 크리에이터로서 롱런하려면 건강관리를 해야겠다는 생각이 들었어요. 그래서 밤은 최대한 안 새우려고 하고, 영상 편집이 늦어질 것 같으면 그날은 자고 다음날 아침 일찍 일어나서 작업을 해요. 일부러 건강식도 챙겨먹고 있는데 밥을 못 챙겨먹으면 고구마나 바나나를 먹습니다. 좋아하는 음식들이라 맛없거나 힘들진 않아요. 운동도 꾸준히 하려고 노력합니다. 필라테스를 반년 넘게 했고, 요즘은 달리기를 하면서 유산소 운동을 하죠. 크리에이터는 영상만 잘 만들면 된다고 생각할 수 있지만 건강도 잘 챙겨야 덜 지치면서 일할 수 있어요.

Question **꼭 만들어보고 싶은 콘텐츠는 무엇인가요?**

우선 디즈니 웹 무비 같은 프로젝트성 콘텐츠를 계속 제작할 계획입니다. 2019년 하반기에 새로운 프로젝트를 기획하고 있어요. 또 일상과 예능을 접목한 '기획형 일상 콘텐츠'를 해보고 싶은 열망이 커요. 환경 문제에 대해 생각하면서 일주일 동안 일회용 쓰레기를 배출하지 않고 한번 살아보는 거죠. 사회적인 이슈를 콘텐츠로 재밌게 풀어내는 작업을 해보고 싶습니다.

▶ 디즈니 웹무비의 한 장면(좌)
▶ 일상 콘텐츠 <한주한컵>의 한 장면(우)

능력과 팬덤,
롱런의 조건

▶ 디즈니 웹 무비 촬영 현장 모습

▶ 2018 다이아 페스티벌 행사장에서

▶ 코랄 블러썸 메이크업 영상 중

좋은 크리에이터란 어떤 사람이라고 생각하시나요?

'기억에 오래 남는 크리에이터'라고 생각합니다. 저는 크리에이터로 활동하면서 다른 이들의 인생에 큰 영향을 주고 있다는 느낌을 받을 때가 많아요. 그걸 확인할 때마다 '잘하고 있다'라는 생각이 들죠. 물론 인기를 누리고 돈을 많이 버는 것도 좋을 수 있지만, 저는 삶의 한 부분이 될 수 있고 좋은 영향력을 보여주는 크리에이터가 되고 싶고, 이런 방향으로 나아가는 것이 좋은 크리에이터가 되는 길이라고 믿고 있습니다.

Question **다른 크리에이터와 다른 차별성을 키우기 위해**
어떤 노력을 하셨나요?

영상을 잘 만들 수 있다는 장점을 최대한 살리려고 했어요. 영화감독인 뷰티 크리에이터는 없으니까 뷰티 콘텐츠에 시각적인 연출을 많이 집어넣어봤죠. 웹툰 커버 인트로를 실제 만화에서 현실로 나오는 장면처럼 만들고 애니메이션을 제작해보기도 했어요. 디즈니 웹 무비도 메이크업 튜토리얼과 결합해 만들었고요. 새롭게 시도하는 노력과 영상을 잘 만든다는 장점이 잘 어우러져서 킴닥스 채널의 강점이 됐습니다.

▶ 디즈니 웹 무비 촬영 현장

대중에게 사랑받는 콘텐츠는 어떻게 만들면 좋을까요?

인기 있는 콘텐츠를 만들고 싶다면 익숙함과 새로움을 보여줘야 합니다. 너무 낯설면 안돼요. 웹툰 커버 메이크업도 웹툰이라는 인기 있는 소재와 연예인 커버 메이크업 형식을 결합했죠. 대중이 들어본 적 없는 '웹 무비' 영상도 '디즈니'라는 익숙한 소재를 결합해 친근하게 다가갈 수 있었어요. 익숙한 것과 새로운 것 또는 익숙한 것끼리 결합하는 시도가 인기 있는 콘텐츠를 만드는 비결 같습니다.

Question **크리에이터 열풍은 일시적이라는 관점에 대한 견해는 어떠신가요?**

유튜브라는 회사가 망할 수는 있겠지만 영상은 앞으로도 소통을 위한 주력 매체로 쓰일 거라고 확신해요. 유튜브나 OTT(넷플릭스 등) 같은 영상 기반 플랫폼이 계속 나올 것 같고, 콘텐츠를 생산할 수 있는 힘을 갖춘 크리에이터들은 어디서든 적응하고 롱런할 수밖에 없을 거예요. 영상은 계속 존재할 거고 소통의 수단으로 쓰일 겁니다. 자본과 회사들도 계속해서 영상 플랫폼을 만들어가고 있죠. 유튜버를 넘어서 정말 크리에이터의 능력을 갖추고, 팬덤을 갖춘 사람들이라면 지금과 같은 열풍과는 관계없이 계속해서 나아갈 수 있어요. 그러려면 자기 콘텐츠를 만들 수 있는 기획력, 기술력이 있어야 하고 팬덤 관리도 잘해야 하죠. 나쁜 행동도 하면 안 되고요.

창작 환경이 빠르게 변하고 있습니다.

그 속에서 크리에이터는 어떻게 변화해야할까요?

플랫폼을 넘어서는 사람이 돼야 한다고 생각합니다. 플랫폼에 의존하면 한계가 생기는 것 같아요. 내가 속한 플랫폼 너머를 보려고 노력해야 하고, 영상 콘텐츠를 만들어서 플랫폼에 올리는 것 이상의 무언가를 고민하고 시도해야겠죠.

Question **앞으로의 계획은 무엇인가요?**

단기적으로는 이번 여름에 편집 프로그램이 나오게 될 거예요. 궁극적으로는 영상과 관련된 문화를 선도할 수 있는 사람이 되고 싶습니다. 저는 영화감독이 꿈이었고 한국의 문화를 세계에 알리고 싶은 사람이었는데 유튜브를 하면서 많이 변화하고 있어요. 단순히 상영관에 걸리는 영화를 만드는 데서 그치는 것이 아니라 온·오프라인이 만날 수 있는 프로젝트를 계속 시도하고자 합니다. 이미 유명한 영상 제작자와 비교했을 때 킴닥스만의 경쟁력은 '전통 미디어처럼 영상을 잘 만들 수 있다'는 것과 '유튜브라는 뉴미디어 플랫폼에 대한 감각이 있다'는 점이었어요. 두 장점을 버무려서 앞으로도 다양한 콘텐츠와 프로젝트를 만들고 싶어요. 유튜브를 통해 영화감독이라는 단순한 꿈이 다양한 색을 입게 된 것 같네요.

크리에이터를 시작하려는 청소년들이
어떤 준비를 하는 게 좋을까요?

단순히 유튜버가 돼서 인기가 많아지고 돈을 벌겠다는 접근은 좋지 않아요. 내 일상을 영상이라는 매개체로 기록한다는 의미를 갖고 크리에이터를 시작했으면 좋겠습니다. 그게 오랫동안 사랑받을 수 있는 비결인 것 같고, 바로 결과를 얻어야 한다는 조바심을 이길 수 있는 마인드이기도 합니다.

크리에이터에게 필요한 자질 3가지를 꼽자면
무엇을 꼽을 수 있을까요?

근성, 새로움, 친근함입니다. 물론 한방에 성공하는 극소수의 크리에이터가 있지만, 유튜브는 꾸준해야 빛을 보는 것 같아요. 채널에 영상을 꾸준히 올리면 구독자는 쌓일 수밖에 없어요. 근데 근성이 없으면 금방 지쳐서 포기하죠. 그러면 크리에이터로서는 아무 것도 못하는 거나 마찬가지죠. 다른 의미로는 '내 콘텐츠를 완성하기 위해' 근성이 필요해요. 기획부터 촬영, 편집, 자막 작업까지 긴 과정을 거쳐 콘텐츠를 만들어야 하는데 매듭을 짓지 못하면 안 되겠죠.

크리에이터로서 계속 새로운 콘텐츠를 보여줄 수 있다는 이미지를 심어주는 것도 중요합니다. 그게 부담이 되기도 하지만 그 부담도 즐길 줄 아는 사람이 크리에이터라고 생각해요. 부지런히 아이디어를 내고 영감을 얻기 위해 고민하는 자세가 필요하죠. 마지막으로 친근함은 크리에이터에게 가장 중요한 요건입니다. 크리에이터는 연예인과 달리 사람들에게 훨씬 친밀하게 다가갈 수 있는 점이 매력인데요. 대중과 관계를 만들고 애정과 유대감을 쌓아갈수록 더 많은 사람들이 나를 찾게 되고, 그것이 수많은 크리에이터 사이에서 나를 빛내는 비결입니다.

3년 전, 인터뷰를 하기 위해 마이린의 집을 찾았을 때였다. 같이 엘리베이터를 탄 한 초등학생 친구가 카메라를 든 나에게 던진 말은 "린이 보러 오셨어요?"였다.

대한민국을 대표하는 크리에이터가 대도서관이라면, 키즈 크리에이터 한국 대표는 '마이린'이 아닐까. 나와 처음 만났을 당시 초등학교 4학년이었던 마이린은 친구들과 놀기 좋아하고 호기심이 넘치는, 여느 또래들과 같은 모습이었다. 그러나 인터뷰가 시작되고 '큐' 사인이 들어가는 순간, 마이린의 눈빛은 프로들의 그것으로 돌변했다.

8만 명의 구독자를 보유하고 있던 초등학생 마이린은 3년 뒤 중학교에 진학했고, 구독자 85만 명을 돌파한 스타 크리에이터로 성장했다. 2,500만 뷰였던 누적 조회수는 4억을 돌파했다. 늘어난 숫자만큼이나 영상 하나하나의 의미도 커져간다. 마이린이 기록하는 모든 것은 한국 키즈 크리에이터의 새 역사가 되고 있다.

유튜브 채널 '마이린TV'

키즈 크리에이터
마이린 | 최린

- 유튜브 채널 '마이린TV' 운영(구독자 87만 명)
- 제2, 3, 4회 다이아 페스티벌 출연
- 제2, 3회 DIA TV 키즈 크리에이터 선발대회
  심사위원 및 멘토
- 제1회 DIA TV
  키즈 크리에이터 선발대회 합격
- EBS <우리끼리 비밀기지>,
  투니버스 <보고놀자> 고정 출연
- tvN <내 손 안에 조카티비> 출연

크리에이터 마이린의 이력서

MYLYNN

키즈 크리에이터 **마이린** ✔   구독 87만

유튜브 채널 가입일 • 2015. 3. 27.
누적 조회수 • 약 4억 3,453만 뷰

PROFILE

이름
최린

직업
• 유튜브 채널 '마이린TV' 운영
• 중학교 재학 중

PLAY LIST

주요 코너
≣ 상황극 놀이
≣ 장난감 리뷰
≣ 키즈 크리에이터 간 컬래버레이션 프로젝트
≣ 일상 브이로그

CAREER

경력
• 유튜브 채널 '마이린TV' 운영
• 제2, 3, 4회 다이아 페스티벌 출연
• 제2, 3회 DIA TV 키즈 크리에이터
  선발대회 심사위원 및 멘토
• 제1회 DIA TV
  키즈 크리에이터 선발대회 합격
• EBS <우리끼리 비밀기지>,
  투니버스 <보고놀자> 고정 출연
• tvN <내 손 안에 조카티비> 출연

BEST VIDEOS

마이린의 주요 영상들(조회수 기준)
❶ 밤 12시 엄마 몰래 라면 끓여먹기
867만 뷰

❷ 물속에서 트와이스, 싸이 노래에 춤추기
464만 뷰

❸ 오래된 슬라임 모두 섞어보기
385만 뷰

❹ 오늘 산 문방구 액괴들을 엄마가 모두 숨겼어요
356만 뷰

❺ 맛있는 철판아이스크림 만드는 8가지 레시피
243만 뷰

나는
중학생
크리에이터
마이린

▶ 마이린의 프로필 사진

▶ 보드게임 콘텐츠를 촬영하는 장면

▶ 마이맘과 함께 보드게임을 하고 있는 마이린

Question 간단히 자기소개와 채널소개를 해주세요

안녕하세요. 2019년, 중학생이 된 키즈 크리에이터 마이린입니다. 본명은 최린이고요. '마이린TV(My Lynn TV)'라는 이름은 시청자 분들께서 저를 '나의 린'으로 생각해달라는 의미로 지었어요. 마이린TV에서는 또래 시청자들이 가장 관심을 갖는 정보를 다양한 방법으로 재밌고 깊이 있게 전달하고 있어요. 또 학생의 일상적인 생활도 꾸밈없이 전달 하고 있어요.

Question 초등학생 마이린은 어떤 사람이었나요?

키가 작은 평범한 어린이였어요. 지금도 또래에 비해서 키 성장이 느린 편이고요. 친구 들과 어울려 놀기 좋아하고, 유튜브를 자주 보고, 게임도 좋아하는 평범한 어린이였습니다.

Question 유튜브에 관심을 갖게 된 계기와
크리에이터를 시작하게 된 이유를 이야기해 주세요

초등학교 2학년 겨울방학 때, 크리에이터 '양띵' 님의 <감옥탈출>이라는 유튜브 영상 을 보게 됐는데 정말 깜짝 놀랐어요. 제가 '마인크래프트'라는 게임을 좋아하기 시작한 때였는데요. 마인크래프트를 가지고 재밌는 영상을 만든 걸 보고 저도 재밌는 유튜브 영 상을 만드는 사람이 되고 싶었습니다.

다음해 봄에 구글코리아에서 '유튜브 키즈 데이'라는 행사가 열렸는데요. 그 행사에 참석해서 유튜브 계정을 만들게 됐고 행사 기념품으로 받은 로봇 장난감 영상을 처음 유튜브에 올리면서 크리에이터 활동을 시작하게 됐습니다.

Question **나에게 큰 영향을 준 에피소드가 있다면요?**

초등학교 3학년 봄에 유튜브 활동을 하게 되면서, 구글과 주요 MCN(다중 채널 네트워크)에서 진행하는 유튜브 관련 교육과 행사에 자주 다니게 됐습니다. 그중 트레져헌터에서 진행한 '키버 아카데미'에서 양띵 님을 만나게 됐어요. 양띵 님이 제게 사인을 해주면서 '파이팅'이라고 응원해주셨고, 여러 구글 행사에서 만난 '도티' 님도 저를 많이 귀여워 해주셨죠. 다양한 유튜브 관련 행사에서 만난 도티, 잠뜰, 허팝, 양띵, 대도서관 님 같은 크리에이터 분들을 대상으로 인터뷰 콘텐츠를 만들었고, 그분들이 유튜브 활동에 대해 따뜻한 조언을 해주셨던 게 아직도 기억에 남아요. 이런 경험이 지금의 마이린을 있게 한 가장 좋은 원동력이 됐습니다.

Question **첫 콘텐츠를 만들었을 때, 초기 제작 당시 시행착오가 있었나요?**

로봇 장난감을 찍어 올렸던 첫 콘텐츠는 정말 쑥스러웠어요. 아무 말도 안하고 찍었죠. 첫 영상은 아빠가 촬영을 도와주신 건데, 저는 잠옷을 입고 아무 말 없이 장난감만 개봉해서 쑥스러워하며 가지고 놀았던 기억이 나요. 당시엔 지금처럼 날마다 유튜브 영상을 올리는 크리에이터가 될 거라고는 전혀 생각하지도 못했죠. 그저 좋아하는 장난감을 영상으로 만들어 올리는 것 자체가 재미있었습니다.

Question 　마이린의 하루 일과는 어떤가요?

　　유튜브와 관련된 활동을 하는 걸 빼면 다른 학생들과 크게 다를 건 없어요. 학교를 다녀와서 간식을 챙겨 먹고, 학원 숙제를 하고 학원에 가요. 학원에 다녀온 후, 저녁이나 밤에는 유튜브를 시청하거나 마이린TV에 달린 댓글도 보고 유튜브 콘텐츠 아이템을 기획하기도 합니다. 게임을 하는 날도 있고요. 유튜브 콘텐츠 촬영은 주로 주말에 일주일 치를 몰아서 하려고 해요. 하지만 주말에 바쁜 일이 생기면, 주중에 학원을 안 가는 날에 촬영을 잡기도 하죠.

Question 　촬영을 할 때는 어떤 장비를 쓰나요?

　　유튜브 크리에이터를 시작할 때부터 지금까지 스마트폰을 메인 카메라로 활용하고 있어요. 스마트폰으로 영상을 1,500편 정도는 찍은 것 같아요. 물놀이를 하거나 놀이공원에 갔을 때 액션캠을 가끔 활용하는 경우 외에는 거의 스마트폰으로 촬영하고 있습니다. 다른 카메라도 가지고 있긴 하지만 무거워서 잘 쓰지 않고 있어요. 저는 일상 영상을 많이 찍는 편인데, 큰 카메라는 다른 사람들의 주목을 받기 때문에 더욱 스마트폰을 쓰게 됩니다. 요즘은 스마트폰에서 화질 설정만 잘하면 4K UHD 해상도로 TV용 콘텐츠까지 잘 찍을 수 있거든요.

▶ 스마트폰으로 보드게임 콘텐츠를 촬영하는 중

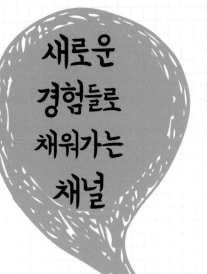

새로운
경험들로
채워가는
채널

▶ 사이판 가족 여행에서
인생 첫 스쿠버다이빙에 도전한 마이린

▶ 교복 모델 촬영

▶ 크리에이터 관련 강의 중

학생으로서 해야 할 일과 크리에이터의 일을 병행하기 힘들진 않나요?

채널을 처음 시작할 때, 유튜브에 영상을 자주 올리기보다 유튜브에 대해 공부하는 시간을 많이 가졌습니다. 유튜브 교육 행사가 열리면 빠짐없이 다녔고, 학교에서도 포토샵이나 무비메이커 같은 동영상 편집 프로그램을 많이 배웠어요. 유튜브에 올릴 동영상을 촬영하고 편집해 업로드 하고, 시청자들의 반응을 보는 것이 정말 재밌었죠.

▶ 촬영한 영상을 직접 편집하는 마이린

학년이 올라가면서 공부도 어느 정도는 해야 합니다. 그래서 유튜브 활동 시간은 조금씩 줄여가면서 효과적으로 콘텐츠를 촬영할 수 있도록 부모님께서 도와주고 계세요. 학생으로서 꾸준히 유튜브 크리에이터로 활동하려면 시간 관리가 매우 중요한 것 같아요.

제작 영감은 어디서 얻나요?

최근에는 학생으로서의 마이린의 일상을 많이 담고 있어요. 학교와 가정에서 일어나는 실생활 이야기를 그대로 담거나 재현하는 영상을 제작하고 있어서 저의 진짜 삶이 콘텐츠가 되고 있어요. 하루하루 저에게 일어난 일 중에서 시청자들이 공감하고 이해해 줄 수 있는 영상 소재를 고르려고 하고 있죠. 또, 같은 또래 시청자들이 자주 이용하는 편의점, 마트, 문방구 등에 가서 요즘 인기 있는 물건들을 골라 콘텐츠 소재로 활용하기도 해요. 그리고 무엇보다 구독자와 시청자들의 댓글에서 다양한 의견을 골라 콘텐츠를 제작해요. '이런 걸 찍어 달라', '이런 걸 보고 싶다'라고 올려주시는 댓글은 가장 중요한 콘텐츠 아이디어의 근원이 됩니다.

크리에이터의 매력은 무엇이라고 생각하나요?

연예인에 비해 크리에이터가 갖는 매력은 친한 친구나 오빠, 누나, 동생 같은 친밀함이라고 생각해요. 유튜브 활동을 시작할 때 가장 많이 교육받은 내용이 '시청자들을 영상 속에서 친밀하게 대하라'라는 거였어요. 시청자 분들에게 친밀하게 말을 건네고, 의견을 묻고, 그 의견을 반영하고, 댓글과 라이브 영상으로 소통하는 것이 유튜브 시청자들에게 호감을 얻는 길인 것 같아요. 그리고 크리에이터들이 TV에서는 절대 볼 수 없는 다양한 소재를 다루는 것도 시청자가 매력을 느끼게 되는 중요한 요인인 것 같습니다.

Question 크리에이터에게 필요한 자질은 무엇인가요?

유튜브 채널을 만들고 시작하기는 쉽지만, 유튜브 영상을 꾸준히 제작해 업로드 하고 운영하는 것은 아주 힘듭니다. 특히 운영 초반에 시청자들의 반응이 별로 없거나 악플이 달리면 쉽게 좌절하는 친구들도 많이 볼 수 있는데요. 초반 반응과 상관없이 꾸준히 시청자들이 어떤 콘텐츠를 좋아하는지 연구하는 성실한 태도가 꼭 필요하다고 생각합니다. 그리고 모든 이들이 내 콘텐츠를 좋아할 수는 없기 때문에 악플이나 무심한 반응을 이겨내는 심리적 관리도 필요하죠.

시청자, 팬덤 관리는 어떻게 하나요?

매일 시청자들의 댓글을 살펴보고 답글을 달아요. 페
이스북, 인스타그램, 유튜브 게시판을 통해 영상으로 다
볼 수 없는 일상 속 모습도 많이 보여드리고 있죠. 다른
채널들처럼 시청자들의 애칭을 짓거나 온라인 카페를
따로 만들어서 시청자 관리를 하지는 않고 있어요. 왠지 쑥스러워서요. 아직은 충성도
높은 시청자와 팬을 만들기보다는 친구처럼 가까운, 그리고 꾸준히 또래들에게 신뢰를
얻는 영상을 만드는 것에 중점을 두고 있습니다.

크리에이터로 활동하며 뿌듯했던 에피소드가 있었나요?

크리에이터에게 가장 좋은 순간은 "오늘 영상이 재밌다", "꾸준히 잘 보고 있다", "응
원한다"라는 시청자들의 댓글을 보는 순간이에요. 이런 댓글들은 지치지 않고 영상을
꾸준히 올리게 만드는 원동력이 됩니다. 그리고 '새로운 경험을 할 때', 크리에이터를 하
길 잘했다는 생각이 들어요. 크리에이터가 아니었다면 할 수 없었을 다양한 경험을 하면
서 보람을 느끼고, 새롭게 학습할 수 있는 기회가 많이 생겨서 좋아요.

Question 좋은 크리에이터란 어떤 사람일까요?

　나만 좋아하고, 내가 만들고 싶은 콘텐츠보다는 시청자들이 보고 싶어 하는 콘텐츠를 만드는 것이 중요합니다. 시청자들이 어떤 것을 좋아하는지 꾸준히 연구해서 크리에이터도, 시청자도 좋아하는 콘텐츠를 만드는 사람이 가장 좋은 크리에이터인 것 같아요.

Question 매력적인 콘텐츠의 조건은 무엇일까요?

　익숙한 소재를 다루고 있으면서도 타 채널에서는 볼 수 없는 내용의 콘텐츠가 가장 매력적이에요. 다른 채널에서 이미 많이 다룬 소재라면 제 채널에 와서 또 볼 이유가 없겠죠. 그렇다고 너무 낯선 소재를 다루면 시청자들이 관심을 전혀 안 가질 수 있기 때문에, 친숙한 소재를 가지고 신선하게 내용을 구성하는 것이 가장 중요한 것 같습니다. 그것이 매력적인 채널을 만들기 위해 필요한 가장 기본적인 요소겠죠.

▶ 닌텐도 스위치를 들고 놀라는 마이린

Question 크리에이터가 조심해야 할 게 있다면 무엇일까요?

크리에이터가 가장 조심해야 할 것으로는 두 가지가 있다고 생각합니다. 하나는 '높은 조회수의 유혹에 빠지는 것'이에요. 많은 유튜브 시청자들에게 관심을 끌기 위해 자극적인 콘텐츠를 만들면 한두 번은 조회수가 높아질 수 있겠지만 장기적으로 바람직하지 못해요. 채널의 브랜드도 망가지고, 더 높은 조회수에 대한 욕심으로 계속 더 자극적인 콘텐츠만 만들게 되죠. 그래서 적정한 조회수를 목표로 설정하는 것이 꼭 필요합니다. 다음은 '시청자들과 싸우지 않는 것'입니다. 모든 사람이 제 콘텐츠를 좋아할 수는 없으니까요. 재미없어 하는 시청자들의 의견도 존중할 줄 알고, 더 좋은 콘텐츠를 만들도록 노력해야 해요.

Question 자주 보는 유튜브 크리에이터 채널이 있나요?

제가 자주 보는 채널은 크게 두 가지인 것 같습니다. 하나는 마이린TV를 시청하는 구독자들이 보는 다른 채널들이에요. 제 채널에서 소화하지 못하는 시청자들의 니즈를 그곳에서 읽어낼 수 있기 때문이죠. 또 다른 채널에서는 보지 못하는 제 채널만의 콘텐츠를 차별화하고 기획하는 데도 필요합니다. 요즘은 마이린과 자주 컬래버레이션 영상을 찍는 '뚜아뚜지' 채널이나 '노래하는 하랑' 채널을 자주 보고 있어요.

또 제가 축구와 게임을 정말 좋아해서, 축구나 게임 정보를 다루는 유튜브 채널도 많이 보고 있습니다.

시청자와
함께 성장하는
크리에이터

▶ DIA TV 행복의 씨앗 뮤직비디오 출연

▶ 키즈 크리에이터의 삶에 대해 인터뷰하는 마이린

▶ 또래 시청자들과 함께 성장하는 크리에이터

Question 성장하고 있는 키즈 크리에이터로서 고민이 있다면요?

크리에이터가 아닌 학생으로서, 제가 성장하기에 따라 저의 관심사나 활동 내용이 변하게 되잖아요? 저뿐만 아니라 시청자들도 성장하면서 제 채널을 시청하는 이유도 계속 변하고요. 시시각각 변하는 시청자들의 니즈와 제 관심사, 활동을 꾸준히 변화해 가면서 새로운 콘텐츠를 만드는 것이 중요합니다. 동시에 힘든 것 같고요.

Question 크리에이터로서 차별성을 키우기 위해 어떤 노력을 했나요?

유튜브 활동을 하는 남학생이 별로 없어서 남학생만이 보여줄 수 있는 다양한 일상과 관심사를 콘텐츠에 반영하도록 노력하고 있습니다. 유튜브 크리에이터는 여학생이나 여아들이 많은 편이거든요. 또래 친구들이 좋아하는 정보를 영상으로 다룰 때는 최대한 다양하고 깊이 있는 영상을 만들고 있습니다. 시청자들이 요즘 인기 있는 어떤 아이템을 보고 싶을 때, '마이린TV'를 제일 먼저 떠올릴 수 있도록 콘텐츠를 구성하고 있어요.

Question 꼭 만들어보고 싶은 콘텐츠는 어떤 콘텐츠인가요?

제가 좋아하는 게임 콘텐츠를 재밌게 만들어보고 싶어요. 좋은 게임 크리에이터가 되려면 게임을 아주 잘하거나, 게임을 재미있게 알려주며 진행하는 능력이 필요한데 아직은 양쪽 다 많이 부족하다고 생각해요. 그리고 제 꿈은 축구해설가라서 앞으로 축구 관련 콘텐츠도 꼭 만들어 보고 싶어요. 그렇게 하기 위해서는 더 많은 축구 지식과 경기 경험이 필요할 것 같아 요즘 열심히 배우고 있답니다.

크리에이터가 염두에 두어야 할
중요한 가치는 무엇인가요?

방송을 만드는 크리에이터로서 제 채널을 보는 시청자들이 좋아할 만한 정보나 재미에 대한 니즈를 충족시키는 건 정말 중요한 일이에요. 하지만 그보다 제 영상을 보고 시청자들이 느끼게 될 감정이나 태도에 대해서 한 번 더 생각해 보고 영상을 만드는 자세가 필요합니다. 유튜브 크리에이터의 사회적 영향력이 커지고 있는 만큼, 시청자가 무엇을 보고 느낄지 많이 고려해야 하고 어느 정도는 자기 검열도 필요하다고 생각해요.

크리에이터 열풍을 일시적이라고 보는 시각도 있는데요

사회가 다변화하고 있고 콘텐츠를 보는 시청자들의 니즈도 더욱 다양해지고 있습니다. 기존 미디어인 TV나 신문, 책은 그 니즈를 모두 충족하기 어렵다고 생각해요. 그래서 개별 시청자의 니즈에 맞춰 다양한 콘텐츠를 만드는 크리에이터의 역할은 줄어들기 어렵다고 생각하고 있어요. 또 사람들이 점점 종이나 글자를 보지 않고, 영상을 보면서 지식과 재미를 구하기 때문에 유튜브 크리에이터의 전망은 앞으로도 좋을 것이라고 생각합니다. 중요한 건 계속 변화하는 시청자들의 니즈를 잘 캐치해서 좋은 영상을 만드는 것이겠죠.

창작 환경이 빠르게 변하고 있습니다.

그 속에서 크리에이터는 어떻게 변화해야 할까요?

크리에이터는 많은 공부를 해야 합니다. 환경의 변화에 따라 시청자들이 바라는 것이 어떻게 변하는지 계속 공부하고, 시청자들이 제 채널에 요구하는 것이 무엇인지 알아내어 맞추는 것이 가장 큰 변화고 혁신인 것 같아요. 인기 크리에이터가 되는 것보다 더 어려운 건 꾸준히 인기를 얻는 것인데, 그렇다면 계속 공부하는 사람만이 살아남을 것 같아요.

어떤 크리에이터로 성장하고 싶나요?

아주 인기가 높은 크리에이터가 되기보다 또래 시청자들과 함께 성장하면서 그들로부터 사회적 인정을 받는 크리에이터가 되고 싶어요. 시청자들이, 자신이 좋아하고 인정하는 또래 크리에이터를 떠올릴 때 저를 가장 먼저 생각해 준다면 그만한 행복이 없을 것 같습니다.

Question 앞으로의 계획은 무엇인가요?

앞으로도 지금처럼 또래 시청자들이 좋아할 만한 콘텐츠를 꾸준히 영상으로 만들어 올리는 활동을 하는 건 똑같을 것 같고요. 이 과정에서 다양한 사회적 경험을 통해 삶의 지평을 넓혀가고 싶습니다.

Question 크리에이터를 시작하려는 친구들이 어떤 준비를 하면 좋을까요?

'어떤 영상 콘텐츠를 꾸준히 만들어서 시청자들에게 즐거움과 정보를 줄 수 있을 것인 가?'를 생각하는 것이 가장 어려운 것 같아요. 앞서 이야기했던 것처럼 꾸준히 영상을 만 드는 게 어렵거든요. 제가 생각하는 제일 좋은 방법은 내 친구들이 어떤 콘텐츠를 즐겨 보고 좋아하는지 관찰해 보는 거예요. 주변을 잘 관찰하고 연구해서 친구들이 좋아할 콘 텐츠를 먼저 만들어보면 도움이 될 거에요.

그리고 아무래도 영상을 만들어야 하니 기본적인 촬영법을 공부하는 게 필요합니다. 또 영상을 올리는 유튜브라는 플랫폼을 공부하는 것도 꼭 필요하죠. 유튜브와 크리에이 터에 관한 책들이 많이 나와 있으니 한 권이라도 처음부터 끝까지 읽어보시기를 추천합 니다.

일주일에 하루 문을 여는 작은 서점. 책은 팔지 않지만 손님이 줄을 선다. 서점의 주인은 책과 음악을 사랑하던 한 소녀였다. 디지털의 홍수 한 가운데에서 '책'을 외치는, 북튜버의 대명사 겨울서점이다.

겨울서점이 말하는 크리에이터는 '프리랜서'의 삶과 맞닿아 있다. 그는 방송을 진행하고, 콘텐츠를 촬영하며 강연에도 나선다. 대형 서점이나 브랜드와의 컬래버레이션 프로젝트에 뛰어들기도 하고, 틈틈이 글도 쓴다. 그렇게 출간한 책이 벌써 두 권 째다. 2019년, 겨울서점은 구독자 10만 명을 넘어선 유일한 북튜버가 됐다. 책이 소재라는 점에서 엄지를 치켜들 만한 행보다. 그의 앞에서 어지간한 부지런은 한 수 접어둬도 좋다.

겨울서점의 방송은 커피 한 잔을 마시며 라디오를 듣는 듯 차분하다. 하지만 그 속은 또렷한 목소리만큼이나 분명하고 치열한 열정으로 가득하다.

- -

유튜브 채널 '겨울서점'

북 크리에이터
겨울서점 | 김겨울

- 유튜브 채널 '겨울서점' 운영(구독자 10만 명)
- 2019 도서 《활자 안에서 유영하기》 출간
- 2018 도서 《독서의 기쁨》 출간
- 2017 미니앨범 〈겨울소리〉 발표
- 2015 디지털 싱글 〈사랑하긴 했나요〉 발표
- 고려대학교 심리학과 졸업

크리에이터 겨울서점의 이력서

WINTER BOOKSTORE

북 크리에이터 **겨울서점** ✔️ 구독 10만

유튜브 채널 가입일 • 2017. 1. 2.
누적 조회수 • 약 600만 뷰

PROFILE

이름
김겨울

직업
- 유튜브 채널 '겨울서점' 운영
- 작가 & 싱어송라이터

PLAY LIST

주요 코너

≡ 주인장의 책장　　≡ 분석과 한줄평
≡ 책담과 vlog　　　≡ 영화관 옆 책방
≡ 겨울라디오　　　≡ 낭독의 즐거움
≡ 굿즈 리뷰

CAREER

경력
- 유튜브 채널 '겨울서점' 운영
- 2019 도서 <활자 안에서 유영하기> 출간
- 2018 도서 <독서의 기쁨> 출간
- 2017 미니앨범 <겨울소리> 발표
- 2015 디지털 싱글 <사랑하긴 했나요> 발표
- 고려대학교 심리학과 졸업

BEST VIDEOS

겨울서점의 주요 영상들(조회수 기준)

❶ 내 말을 상대방의 귀에 꽂는 발음 팁
46만 뷰

❷ 20년차 책덕후의 독서 루틴
31만 뷰

❸ 도대체 겨울서점 주인장은 평소에 뭘 하고 사는가
15만 뷰

❹ 영어를 공부한 방법
13만 뷰

❺ 겨울서점 주인장이 꼽는 인생의 책
10만 뷰

책 읽기 좋아하던 소녀, 북 크리에이터가 되다

▶ 유치원 생일파티 때 한복을 입고 찍은 사진

▶ 피아노를 치던 일곱 살의 겨울서점

▶ 발레처럼 몸을 움직이는 활동도 좋아해요!

Question 간단히 자기소개 및 채널소개를 해주세요.

저는 '겨울서점'이라는 북튜브 채널을 운영하고 있습니다. '겨울서점'은 다양한 기획을 통해 사람들이 책에 대해 흥미를 가질 수 있게 만드는, 책을 다루는 채널입니다. 저는 싱어송라이터로 일했었고 책 쓰는 작가이기도 합니다. 《독서의 기쁨》과 《활자 안에서 유영하기》라는 책을 썼고 현재 다음 책을 쓰고 있어요. 대학생 때는 심리학과 철학을 전공했습니다.

Question 자신의 10대 시절을 돌아본다면요?

부모님의 교육열이 높으셨어요. 그래서 학창 시절 내내 공부를 열심히 했죠. 하지만 공부를 아무리 열심히 한다고 해도 솔직히 하기 싫을 때가 많잖아요? 그럴 때면 학교 도서관에 가서 책을 빌렸어요. 제가 나온 중학교는 도서관이 정말 좋았어요. 학교에 3층짜리 도서관 건물이 따로 있었거든요. 덕분에 책을 많이 읽을 수 있었는데 그때는 장르를 가리지 않고 닥치는 대로 읽었던 것 같습니다. 친구들도 많이 읽던 판타지, 무협 소설도 읽었고 일본 작가들의 소설, 추리 소설, 고전 소설 그리고 인문, 과학 분야의 대중교양서까지 두루두루 봤죠. 정말 손 가는대로 읽었던 기억이 나네요.

고등학생 때는 구립, 시립도서관에 다녔는데요. 얼마 전에 우연히 고등학생 때 빌렸던 시립도서관 대출목록을 발견했는데 웃음이 터졌어요. 고등학교 2학년이던 해 12월 23일에 책 세 권을 빌렸는데 공포영화 <링> 시리즈 원작 소설이더라고요. 고2 크리스마스 때 '링'을 읽었던 거죠. 공부가 지루해질 때면 딴짓을 할 수 있으니 대신 책을 읽은 것도 있었어요. 한 권을 읽다보면 다른 책이 궁금해져서 읽기도 했고요. 공부는 해야 하니 열심히 하긴 했지만 독서와 동아리 활동을 통해 나름대로 하고 싶은 걸 할 수 있었어요. 이전에 중학생 때는 춤 동아리를 했었고, 고등학생이 된 뒤에는 과학에 관심이 생겨 생물 동아리를 하기도 했어요.

나에게 큰 영향을 준 책이나 에피소드가 있다면요?

여섯 살쯤 찍힌 사진 중에 손에 수지침을 맞고 있는 제 모습이 담긴 사진이 있어요. 침 때문에 손을 못 쓰니까 발로 만화책을 보고 있는 사진이었죠. 어릴 때부터 책을 가리지 않고 많이 읽었던 것이 지금의 정체성을 형성하는 데 중요하게 작용했고요. 제가 '인생 책'으로 꼽는 몇 권의 책이 있는데 그중 하나가 임레 케르테스의 《운명》이에요. 홀로코스트 생존자인 작가의 자전적 소설인데요. 나치 수용소의 처참한 상황에서도

일상의 행복을 느꼈던 주인공을 통해 어떻게 삶을 대해야 하는지 정립할 수 있었죠. 한편으로는 곡을 쓰고 공연을 가졌던 예술적인 시간도 제가 '겨울서점'이라는 채널을 여는 데 긍정적으로 작용했습니다. 얼굴을 드러내는 게 두렵거나 꺼려지지 않았으니 거리낌 없이 채널을 시작할 수 있었죠.

유튜브에 관심을 갖게 된 계기는 무엇인가요?

제 채널을 열기 전에는 저도 재미로 유튜브를 보는 사람이었어요. 그러다 유튜브가 트렌드로 떠오르면서 자연스럽게 시작하게 됐죠. 처음에는 제가 하는 음악을 영상으로 올릴 수 있는 사이트 정도로 생각하고 있었어요. 그런데 점점 다양한 콘텐츠가 유튜브를 채워나가는 것을 목격했어요. 자연스럽게 유튜브에 머무르는 시간이 늘어났고 저도 해보면 재밌겠다는 생각이 들었어요.

Question **크리에이터는 어떻게 시작하게 되셨나요?**

크리에이터를 하게 된 보다 직접적인 계기를 꼽자면 라디오를 빼놓을 수 없는데요. 음악 활동을 하던 중 마포FM에서 라디오를 진행해본 적이 있어요. 어릴 때부터 라디오를 좋아했는데 직접 라디오 프로그램 진행을 해보니 청취자와 이야기하는 시간이 참 좋더라고요. 사람들과 이야기할 수 있는 기회가 있으면 좋겠다고 생각했는데 마침 유튜브가 눈에 띄었고, 그때만 해도 책을 주제로 하는 영상 콘텐츠는 거의 없었어요. 그래서 한번 해보자는 식으로 시작했죠.

Question **겨울서점의 하루 일과는 어떤가요?**

날마다 달라서 어떻게 얘기해야 할지 고민인데요. 오전에 일어나서 이메일을 확인해요. 책이나 마케팅에 관한 제안을 주는 분들이 많은데 그런 내용을 확인하고 답장을 드리죠. 강연이 있는 날은 오후에 강연장으로 가고, 없으면 영상을 제작해요. 영상을 찍으려면 책을 읽어야 하니까 독서에 집중하는 날도 있죠. 출판 관계자와 미팅을 갖기도 하고 다른 크리에이터와 컬래버레이션을 할 때도 있어요. 스케줄에 따라 여러 옵션 중 하나를 선택해 하루 일정을 조정하는 편이에요.

직업 자체의 매력은 시청자와 1대1의 관계를 가질 수 있다는 것입니다. 모르는 사람들과 친밀한 관계를 만들어나갈 수 있다는 것도 좋고요. 제가 좋아하는 분야에 대해 사람들과 함께 즐겁게 이야기하는 것도 좋죠. 저는 책을 다루니까 유튜브에서 책에 관심이 있는 사람들끼리 모여 있다는 느낌도 들고, 꾸준히 하다 보니 사회적인 보람도 생기더라고요. 제 영상이 누군가에게 좋은 영감을 준다거나, 제가 추천한 좋은 책이 한 사람의 가치관을 만드는 데 영향을 주기도 하는 경우가 있었어요. 그런 점이 뿌듯하기도 하고 즐겁습니다.

Question 제작 영감은 어디서 얻으시나요?

아이디어는 책을 읽다가도 생각나고 대화를 나누면서도 떠올라요. 출판사 인스타그램을 보고 아이디어를 얻기도 하죠. 다양한 계기를 통해 영감을 얻는데, 크리에이터들은 아이템에 대한 촉이 항상 서 있는 것 같아요. 소재와 구성에 대한 고민을 꾸준히 하면서 SNS에서 출판과 관련된 채널을 보면 아이디어가 떠오를 때가 있죠. 책을 소개하는 글을 보고 매력적인 소재를 발견하기도 하고요. 요즘은 클래식 음악을 많이 듣는데 클래식과 책을 엮어보려는 생각도 하고 있어요. 그렇게 하다 보면 재밌는 아이디어가 나오게 되죠.

첫 콘텐츠를 만들었을 때, 초기 제작 당시 시행착오가 있었나요? 있었다면 어떻게 해결하셨나요?

북 크리에이터의 어려운 점인데요. 화면으로 보여줄 게 적다는 점이에요. 이건 책을 다루는 크리에이터의 가장 큰 숙제 같아요. 보여줄 거라곤 표지 밖에 없는데 화면을 무엇으로 채울 건지에 대한 고민, 그 고민을 해결하는 과정이 제가 유튜브 콘텐츠를 만들어 온 과정 같아요. 책만 다루면 재미없을 수 있으니 서점 굿즈를 유튜브에서 많이 보이는 제품 리뷰 포맷으로 보여주는 것도 그 고민을 해결하는 방법 중 하나였죠. 책 리뷰를 기획만으로 해결하기 어려우면 적절한 연출 방식을 선택해야 해요. 제 얼굴이 화면에 나오지만 자료 화면을 섞기도 하고, 보여줄 화면이 많지 않으니 소리에도 신경을 많이 써요. 정확한 발음으로 말하려고 하고, 그렇게 하면서 나름대로 어려움을 해결해 가고 있어요.

▶ 보여줄 게 책 표지 밖에 없는데 화면을 무엇으로 채울지가 고민이다.

좋은 영상을 만들기 위한 고민

▶ 북 크리에이터 겨울서점입니다.

▶ 첫 책을 쓴 후 가진 북 토크 자리에서 사인 중

Question 겨울서점이 사용하는 장비는 무엇인가요?

카메라와 마이크, 삼각대와 조명 한 세트가 있어요. 외부 촬영이 있을 때는 스마트폰 짐벌을 사용하고, 음향을 더 신경 써야 하는 라이브 방송에서는 콘덴서 마이크를 써요. 책을 낭독할 때도 마찬가지고요. 야외에서 일반 마이크를 쓰면 음질이 떨어질 수밖에 없어서 핀 마이크를 사용할 때도 있습니다.

Question 시청자, 팬덤 관리는 어떻게 하시나요?

유튜브나 인스타그램에 댓글을 달아주시는 분들께 답글을 달기도 합니다. 주변에서는 구독자와 소통을 잘해야 더 성장할 수 있다는 조언을 많이 해주시는데, 제가 막 적극적으로 소통하려는 편은 아니라 아쉬운 면도 있어요. 대신 강연이나 북 토크 자리가 매달 생기는데, 그런 오프라인 행사장에서 팬들과 직접 만나 인사를 드리기도 해요. 오프라인에서 팬들을 만나면 신기해요. 평소에는 구독자 수, 댓글 수처럼 막연하게 숫자로 보일 때가 많은데 실제로 대화를 나누고 편지를 받게 되면 고마운 마음뿐이죠. 제가 살면서 한 분에게라도 좋은 영향을 줄 수 있다는 건 행복하고 소중한 경험이에요.

불규칙한 생활 속에서 시간관리, 건강관리를 하는 노하우가 있다면요?

저는 월 단위로 플래너를 봐요. 그날 할 일과 다음 주에 해야 할 일을 체크한 다음 플래너를 덮고 싹 잊어버려요. 원고도 보내야 되고, 영상도 제작하고, 일이 다양해서 하나하나 다 신경 쓰다 보면 잘 안되더라고요. 그래서 당일이 되면 그날 할 일에 집중하는 방식으로 일정을 관리하고 있어요. 잘 안 될 때도 있지만요. 그리고 건강관리는 일단 잠을 푹 자려고 노력해요. 운동도 다시 시작해서 일주일에 한두 번씩 PT를 받아요. 영양제도 잘 챙겨먹고요.

Question 꼭 만들어보고 싶은 콘텐츠가 있다면요?

만들고 싶은 건 다 만들고 있는 것 같긴 한데요. 독립서점 '생산적 헛소리'를 소개한 영상처럼 동네 서점을 조명하는 콘텐츠를 더 해보고 싶어요. 작은 출판사가 펴낸 책도 소개하고 싶고요. 도서 시장에 긍정적인 기여를 할 수 있는 콘텐츠를 만들어보고 싶어요. 아무래도 현재 출판 시장은 대형 출판사와 대형 서점 중심으로 흐르고 있는데, 출판사나 서점의 크기와는 관계없이 사회적인 목표나 지향점을 가지고 건강한 콘텐츠를 더 만들어보고 싶은 욕구가 있습니다.

크리에이터로 활동하며 뿌듯했던 에피소드가 있었나요?

제가 열심히 사는 걸 보고, 하고 싶은 걸 해나가는 걸 보고 자신도 하고 싶은 걸 하면서 살아야겠다고 결심했다는 분들이 있어요. 이런 사연을 편지로 많이 알려주시는데요. 저를 통해 전공을 정했다든지 제가 소개한 책이나 저의 방송을 보고 우울증을 극복하고 공부를 다시 시작하셨다는 분도 있었어요. '나도 늦었지만 다시 그림을 그려 봐야겠다'는 다짐을 적은 편지도 있었죠. 저로 인해 새로운 걸 시작하고 도전하는 용기를 얻는 분들 덕분에 저도 힘을 많이 받아요.

Question 매력적인 콘텐츠의 조건은 무엇일까요?

'매력적인 콘텐츠'는 늘 고민거리인데요. 기본적으로 보는 사람이 재밌어야겠죠. 그게 가장 중요한 것 같아요. 사실 유튜브를 처음 시작하는 분들이 많이 저지르는 실수가 있어요. 친절하게 이야기를 하면서 정보 공유를 충분히 해줘야 하는데 본인만 재밌는 영상을 만드는 거죠. 내가 말하려는 소재에 대해 시청자들은 얼마나 알고 있고, 나는 얼마나 알고 있는지를 알아야 하는데 그게 사실 어려워요. 그래서 영상 속 정보가 충분히 전달되지 못하는 실수를 하게 되죠. 일단 내 영상을 보는 사람들을 생각하며 만들어야 매력적인 콘텐츠로 이어질 수 있는 것 같아요.

저는 책이라는 지루해지기 쉬운 소재를 다루고 있어서 전체 내용을 잘 정리하는 걸 가장 중요시해요. 리처드 도킨스의 《이기적 유전자》편이 기억에 남는데요. 저도 어렵다고 생각하는 책이다 보니 내용의 전체 구조를 잘 알 수 있는 영상을 만들려고 많이 노력했습니다. 공도 많이 들였죠. 개인적으로 제 영상 중 좋아하는 영상은 김승섭 작가의 《아픔이 길이 되려면》편 영상이에요. 이 책의 좋은 점을 잘 설명하고 싶었는데 댓글을 보니 구독자들께 잘 전달된 것 같더라고요. 제 의도가 잘 전달된 콘텐츠였어요.

'이걸 언제까지 계속할 수 있을까'라는 고민은 분명히 있어요. 밑천이 떨어진다고 하죠? 제 콘텐츠가 떨어질 수도 있고 체력이 따르지 못할 수도 있고요. 외부적인 이유로 콘텐츠를 꾸준히 제작하기 어려울 수도 있어요. 가정이지만 유튜브가 갑자기 망할 수도 있으니까요. 그런 고민을 늘 하게 됩니다.

크리에이터라는 분야가 직업이 되고 있지만 '전업'으로 한다는 느낌이 드는 분들은 의외로 많지 않잖아요? 대개 겸업으로 유튜브를 많이 하시는데, 그건 아직까지 크리에이터가 직업이라는 인식이 부족하기 때문인 것 같아요. 아무래도 최근에야 떠오른 분야니까요. 저도 유튜브 크리에이터를 하면서도 '직업이 무엇이냐'는 질문을 많이 받았어요. 라이브 방송 중에도 그럴 때가 많죠. 시청자들이 "겨울님은 직업이 뭐예요?"라고 물어보셔서 "유튜버죠."라고 답하면 만족스러워하지 않는 분들이 꽤 있어요. 그럴 때는 제 직업 중 하나인 '작가'라고 답을 하면 만족해하시죠. 이 직업에는 불안정한 면이 존재해서 유튜브 크리에이터 외에 뭔가 다른 직업을 가져야 하는 게 아닌가라는 생각을 해요.

또 유튜브는 일희일비하기 좋은 곳이에요. 영상을 하나 올리면 조회수, 좋아요 수, 댓글 수가 바로 보이니까 숫자를 보면서 행복해 하고 마음고생도 하죠. 조회수가 잘 나오다가 갑자기 안 나오면 스트레스를 많이 받기도 하고, 좋지 않은 반응을 얻게 되거나 악플이 달리면 거기서 오는 스트레스도 있어요. 그런 맥락에서 볼 때, 유튜브만 하는 게 꼭 좋기만 한 건 아닐 수 있겠더라고요. 그리고 좋은 영상을 만드는 방법에 대한 고민은 일상 같아요. 매주 영상을 올리니까, 어떻게 하면 사람들에게 더 재밌고 유익한 영상을 제공할 수 있을까 하는 고민이요.

▶ 겨울서점 채널을
대표하는 심볼이미지

후회한 적은 없어요. 딱히 그럴 계기도 없었고요. 그런데 유튜브를 시작한 지 1~2년 정도가 지나면 많은 크리에이터에게 슬럼프가 오는 것 같긴 해요. 나의 아이디어를 기반으로 나를 팔아 돈을 버는 직업이다 보니 나의 생각과 인격을 파는 과정에서 지칠 때가 있어요. 구독자가 늘 때마다 제 발언의 영향력이 강해지는 것이 때로는 부담스럽기도 하죠.

Question 크리에이터가 아닌 겨울서점은 어떤 사람인가요?

책 읽고 글 쓰는 사람. 음악을 만들고 연주하는 사람이기도 합니다. 집 밖으로 잘 안 나갈 때도 많은데, 요리를 좋아해서 직접 해먹는 날도 있죠. 운동도 좋아하고요. 최근에 다시 시작한 게 바로 피아노인데요. 피아노는 어릴 때 6년 정도 치다가 학생 때 본격적으로 공부를 시작하면서 그만두었어요. 그런 피아노를 작년부터 다시 치기 시작해서 요즘은 정말 열심히, 재밌게 하고 있죠. 오늘도 연습하고 왔고요. 싱어송라이터로서의 곡 작업은 시간이 부족해 거의 못하고 있지만 그 자리를 피아노가 메워주고 있어요.

영상과
책을 만드는
북 크리에이터이자
작가

▶ 한 해 중 가장 큰 책 축제인 <서울국제도서전>에서 강연 중인 겨울서점

▶ 중요하게 생각하는 가치를 잘 지켜가는 것
은 크리에이터의 덕목이죠.

▶ 깊은 분석으로 다양한 이야기를 전달하는
북 크리에이터가 되고 싶어요.

Question 좋은 크리에이터란 어떤 사람일까요?

사회에 해가 되지 않는 콘텐츠를 만드는 것은 기본입니다. 최소한 자기가 만드는 콘텐츠가 어떤 영향을 발휘할지 예상할 수 있는 것도 좋은 크리에이터의 조건 같아요. 꾸준함과 성실성은 당연하고요. 그리고 다양한 관점을 수용할 수 있도록 생각이 열려있을 필요도 있어요. 댓글만 봐도 여러 의견이 나오는데, 대중의 다양한 의견을 받아들이고 비판도 경청하면서 생각을 넓혀갈 수 있는 자세가 중요해요.

Question 크리에이터가 염두에 두어야 할 중요한 가치는 무엇인가요?

자기 자신을 잘 지키는 것이 필요하죠. 크리에이터는 나를 파는 직업이니까, 이 일을 계속 하다가 어느 순간 정신차려보면 내가 없을 수도 있겠다는 생각이 든 적이 있어요. 스스로 중심을 잡고 중요하게 생각하는 가치를 잘 지켜가는 것이 중요합니다. 크리에이터의 가치관이나 소신에 매력을 느끼는 분들도 많으니까요. 정리해 보면, 사람들과 잘 소통하면서도 자신만의 가치를 잘 지키는 사람이 좋은 크리에이터가 될 가능성이 높겠네요.

Question 다른 크리에이터와의 차별성을 키우기 위해 고민한 게 있으시다면?

'책'이라는 장르 자체가 제가 가진 차별성이었던 것 같아요. 제가 처음 유튜브를 시작할 무렵엔 책을 이야기하고 다루는 크리에이터도 거의 없었고요. 덕분에 지금까지 올 수 있었던 것 같기도 한데요. 적어도 제 콘텐츠에서 틀린 정보를 전달하거나 하나마나한 소리를 하지는 말자는 저만의 원칙이 있어요. 저 자신이 원하는  콘텐츠의 수준이 있는 거죠. 같은 책을 가지고 여러 크리에이터가 각각 영상을 만든다면, 저는 더 깊게 책을 분석하거나 다른 관점을 제시하는 식으로 풍성한 이야기를 기대하는 시청자들의 니즈를 충족시키려고 노력합니다.

Question 크리에이터 열풍은 일시적이라는 관점에 대한 견해는 어떠신가요?

생각보다 길게 이어질 것 같긴 해요. 한계점도 분명하다고 보지만요. 채널이 많아지면서 조회수가 분산되기도 하고, 플랫폼으로서 유튜브의 마지막은 언젠가 다가올 것이라 생각합니다. 하지만 플랫폼의 한계는 있더라도 영상으로 정보를 얻고, 재미를 느끼고, 팬덤을 형성하는 문화는 쉽게 사라지지 않을 것 같아요. 유튜브만 본다면 일시적일 수 있지만 유튜브로 인해 생겨난 문화는 지속될 거라 보고 있어요.

Question 창작 환경이 빠르게 변화하고 있습니다. 그 속에서 크리에이터는 어떻게 변화해야할까요?

트렌드를 꾸준히 확인하면서 유튜브 밖 세상이 어떻게 돌아가는지에 대해 관심을 갖고 있어야 해요. 문화적인 유행이나 과학 기술 등의 변화가 모두 유튜브 트렌드와 연결되니까요. 그래서 뉴스도 열심히 보고, 좋아하는 분야의 잡지도 읽으면서 큰 그림을 볼 수 있는 능력을 키우는 게 중요하지 않을까 싶어요. 저는 책을 쓰는 사람이니까 어떤 플랫폼이 찾아오든 책을 쓰고 있겠죠. 꼭 영상으로만 풀어낼 필요는 없으니까요. 제겐 영상 외에 책이든 독립 잡지든 다른 매체를 활용할 수 있는 기회가 있는 것 같아요.

Question 앞으로의 계획은 무엇인가요?

유튜브 영상을 꾸준히 만들면서 책을 열심히 쓸 계획입니다. 최근 북튜버에 대한 책을 출간했는데요. 제가 책이라는 소재를 가지고 어떻게 유튜브를 활용하는지, 그리고 프리랜서로서 삶은 어떤지를 엿볼 수 있는 짧은 에세이에요. 또 책에 관련된 문장을 뽑아서 그 문장들에 대한 글을 쓰는 책도 쓰고 있어요. 그 다음은 피아노에 대한 <아무튼> 시리즈를 쓰고 있습니다. 그리고 2019년에 겨울서점 채널 구독자가 10만 명을 넘어섰기 때문에, 관련된 이벤트나 모임을 곧 하게 될 것 같아요.

Question 크리에이터를 시작하려는 청소년들이
어떤 준비를 하는 게 좋을까요?

'게임' 유튜버, '영화' 유튜버, 혹은 저처럼 '책' 유튜버 같은 유튜버라는 단어 앞에는 '내용'이 꼭 붙어요. 내용이 있어야 영상이 완성되는 건데, 작은따옴표 속에 들어갈 내용을 생각하지 않고 유튜버만 되고 싶다는 분들이 정말 많은 것 같아요. 게임을 엄청 많이 해서 혹은 영화를 정말 좋아해서 할 말이 많은 사람처럼 무엇이든 자신만의 콘텐츠가 필요해요. 브이로거처럼 삶의 다양한 에피소드가 아이템이 될 수도 있겠죠. 그만큼 나만의 풍부한 소스가 필요한 직업 같아요. 그런 면에서 저는 청소년 분들이 크리에이터를 천천히 시작하셨으면 좋겠다는 마음도 있어요. 많은 걸 경험해보고, 자신만의 경험을 충분히 쌓은 뒤에 시작하는 게 유리할 수 있다는 말입니다.

꾸준함과 성실함도 굉장히 중요해요. 아무도 시키지 않은 일을 성실하게 하는 직업이라 생각보다 자유롭지만도 않아요. 제작하기 싫을 때도 해야 하고, 본인이 재밌을 때만 일을 할 순 없으니까요.

'믿고 아이들에게 보여줄 수 있는 채널', '부모가 신뢰하는 크리에이터'.

키즈 크리에이터 유라야 놀자의 차별성은 '믿음'으로 요약된다. 크리에이터 열풍을 주도한 장르답게 키즈 크리에이터들의 경쟁은 누구보다 치열하다. 독자적인 정체성을 구축하며 인기를 끄는 채널도 있지만, 자극적인 요소를 더해 눈살을 찌푸리게 하는 채널도 생겨났다. 그러나 이곳 '유라야 놀자'만큼은 예외다. '유라야 놀자'는 어린 시청자들을 향한 애정 어린 눈빛과 따뜻한 언어, 세심한 기획력으로 부모와 아이 모두를 사로잡고 있다.

65만 명의 팬을 보유한 '유라 언니' 최다은은 유아교육 전공자다. 크리에이터지만 동시에 교육자로서 아이들을 바라보는 그와 제작진은 오늘도 어떻게 하면 어린이들에게 교육적으로 도움이 될 수 있을지 고민하고 있다.

유튜브 채널 '유라야 놀자'

키즈 (장난감·놀이 문화 중심) 크리에이터

유라야 놀자 | 최다은

• 유튜브 채널 '유라야 놀자' 진행(구독자 65만 명)
• 광고 모델, 연기자, KBS 연예가중계 리포터 활동
• 중앙대학교 유아교육학과 학사·석사 졸업
• 교류분석 부모교육강사, 놀이상담(치료)사 자격
• 유치원 정교사 2급 자격
• 보육교사 2급 자격

크리에이터 유라야 놀자의 이력서

LET'S PLAY YURA

키즈(장난감·놀이 문화 중심) 크리에이터 **유라야 놀자** ✔

유튜브 채널 가입일 • 2016. 1. 27.
누적 조회수 • 약 6억 뷰

구독 65만

PROFILE

이름
최다은

직업
유튜브 채널 '유라야 놀자' 진행

PLAY LIST

주요 코너

≣ 장난감 리뷰

≣ 야외 활동&체험 여행

≣ 유라와 자연 친구

≣ 유라와 키즈송

CAREER

경력
- 유튜브 채널 '유라야 놀자' 진행
- 광고 모델, 연기자,
  KBS 연예가중계 리포터 활동
- 중앙대학교 유아교육학과
  학사·석사 졸업
- 교류분석 부모교육강사,
  놀이상담(치료)사 자격
- 유치원 정교사 2급 자격
- 보육교사 2급 자격

BEST VIDEOS

유라야 놀자의 주요 영상들(조회수 기준)

❶ 모래 놀이 편

1,059만 뷰

❷ 경찰차, 구급차, 소방차 놀이 편

835만 뷰

❸ 스웨덴 완구 편

682만 뷰

❹ 화산 폭발 실험 편

613만 뷰

❺ 자동차 주차장 놀이

578만 뷰

내가 가진
다양한 모습을
아우르는
직업

▶ 어린 시절, 부모님과 함께

▶ MBC 드라마 <무신> 촬영 당시

▶ 유치원 근무 당시 수업 모습

Question 간단히 자기소개와 채널소개를 해주세요

저는 유라야 놀자 채널의 진행을 맡고 있는 최다은이라고 합니다. 유라야 놀자는 만 3~5세 유아들을 위한 키즈 콘텐츠 채널인데요. 유아들이 일상에서 해볼 수 있는 장난감 놀이, 과학실험, 야외체험, 만들기, 요리 같은 다양한 놀이를 소개하고 있습니다.

Question 자신의 10대 시절을 돌아본다면요?

저는 여중·여고를 나왔는데 지금 생각해봐도 하루하루 알차게 살았던 것 같아요. 중고등학교 때 방송반, 학교 홍보도우미를 했는데 그때도 무언가를 기획하고 원고를 작성하고, 마이크를 잡는 일을 즐기는 학생이었어요. 고3 때 학교 체육대회가 있었는데, 보통 고등학교 3학년이면 참여를 잘 하지 않잖아요? 그런데 저와 친구들은 체육대회 기획을 맡았어요. 캉캉 치마를 입고 응원해보면 재밌겠다 싶었죠. 덕분에 응원상을 받았어요. 항상 남들과 다르고 싶었던 것 같아요.

중학생 때는 수련회에서 학급 구성원 모두가 참여할 수 있는 연극을 만든 적도 있어요. 열심히 기획해서 사전 녹음까지 철저히 준비해 연출상도 받았죠. 다 작은 경험이지만, 지금 돌아보면 참 이색적이고 재밌었던 기억으로 남아 있네요.

어릴 때부터 책읽기를 굉장히 좋아했어요. 대학생 때도 공강 시간이면 항상 책을 읽길 좋아했죠. 누군가 제게 읽을 만한 책을 추천해달라고 하면 빅터 프랭클의 《죽음의 수용소에서》를 잘 추천합니다. 20대 초반에 처음 읽었던 것 같은데, 사실 이 책은 굉장히 철학적인 내용이에요. 나치 강제수용소에서 작가가 겪은 체험을 바탕으로 삶과 죽음, 삶의 의미를 되돌아보게 하는 책이죠. 그때부터 삶과 죽음에 관해 진지하게 생각해보게 됐고, 제가 어떻게 살아야할지, 가치관을 형성하는 데 영향을 받았어요.

이 책을 읽다 보면 작가가 모든 걸 포기하려는 순간 운명적으로 살게 되는 장면을 볼 수 있는데, 그 장면을 읽으면 '어떤 어려운 환경에 있더라도 삶의 의미를 찾는 건 나에게 달려있구나'라고 깨닫게 돼요. 10대나 20대 때 꿈이 뭐냐고 물어보면 보통 '무엇이 되고 싶다', '성공해서 돈 많이 벌 거다'라는 답을 많이 하는데, 저는 이 《죽음의 수용소에서》를 읽고 '의미 있는 삶'을 살고 싶다고 생각하게 됐어요. 성공도 물론 좋지만 그 속에서 의미를 찾는 삶을 살고 싶었어요.

Question 크리에이터가 되기 전에는 어떤 일을 하셨나요?

- -

학생 때 아나운서를 꿈꿨고, 스무 살부터 연예 프로그램 리포터를 했어요. 연기, 광고 촬영도 하면서 방송 현장을 직간접적으로 경험하게 됐죠. 방송을 평생 하고 싶다는 마음이 컸는데 아무래도 방송 분야는 활동할 수 있는 기간이 짧은 편이라 고민이 많았죠. 그런데 언제부턴가 TV에 연예인이 아닌 분들, 예를 들면 셰프나 의사, 트레이너 같은 전문가가 진출하기 시작하더라고요. 그래서 유아교육이라는 저만의 전문 분야가 있으니 여기에 방송 능력을 결합하면 방송 활동을 오래할 수 있지 않을까 하는 생각이 들었어요. 연예인이나 아나운서가 아닌 '방송을 하는 전문가'가 되자고 생각해서 유튜브 진행자를 시작하게 됐죠.

Question 크리에이터는 어떻게 시작하게 되셨나요?

- -

유라야 놀자 채널에 처음 영상이 업로드 된 건 2016년 1월이에요. 그때 저는 대학원 석사 과정 중이었는데, 일정한 직업을 찾기 힘들었던 시기였어요. 유치원에서 1년 정도 일했지만 자꾸 방송이 하고 싶더라고요. 그런데 마침 미디어 트렌드가 바뀌고 있었던 거죠. 저도 유튜브가 지금처럼 영향력이 커질 줄은 몰랐어요. 시작할 때는 그저 유튜브에서도 교육적인 걸 해보면 어떨까 하는 마음이었고, 그때 마침 유라야 놀자 채널을 만나게 된 거죠.

▶ 유라야 놀자 채널을 대표하는 심볼이미지

촬영이 있는 날은 아침 6시 50분에 일어나요. 준비해서 7시 30분쯤 집을 나서고, 8시 30분에 헤어메이크업을 받은 다음 10시까지 출근해요. 한 시간 정도 회의도 하고 숨도 돌린 다음 11시부터 촬영을 시작하는데 하루에 세 편 정도를 촬영해요. 5시쯤 촬영을 마치면 아이템·기획 회의를 하고, 저녁부터는 제 시간이라 약속을 가거나 집에 가서 쉬어요. 일주일에 3일 정도 촬영하니까 촬영이 잡힌 날과 아닌 날의 차이가 큰데요. 촬영이 없을 때도 일어나는 시간은 비슷하지만 굉장히 여유롭게 보내는 편이에요. 한 시간 정도는 운동을 하고, 집 앞에 강이 있어서 강변을 따라 산책을 하거나 독서를 하기도 하죠. 이런 여유로운 일과는 프리랜서의 장점이기도 한데요. 그날 컨디션에 따라 스케줄을 잡을 수 있어요. 그리고 요즘은 책도 쓰고 있습니다.

크리에이터라는 직업의 매력은 무엇인가요?

크리에이터의 매력은 프리랜서의 매력과 비슷한 것 같기도 해요. 저는 일반 직장 생활을 해본 적은 없는데요. 9시 출근, 6시 퇴근, 회식이나 조직문화를 경험해보지 못해서 비교하긴 어렵겠지만 저희는 수평적인 관계에서 일할 수 있다는 것이 좋아요. 제가 잘할 수 있는 분야에서 역량을 펼칠 수 있다는 것도 장점이죠. 누군가에 의해 주어지거나 틀에 박힌 일이 아니라 계속 변화하면서 시도해볼 수 있어요. 그런 게 제 성향과도 잘 맞는 것 같고요.

예전에 친한 친구가 제게 "두 마리 토끼를 잡으려다가 하나도 못 잡는다"는 말을 한 적이 있어요. 사실 제가 욕심이 좀 많은 편이에요. 좋아하는 것도, 궁금한 것도 많아서 '흥미가 너무 많은 것 같다'는 생각을 한 적도 있죠. 만약 제가 보통 직장 생활을 선택했다면 친구의 말이 맞을 수도 있어요. 하지만 저는 유아교육 전공과 방송, 연기 활동 같은 다양한 제 모습을 아우를 수 있는 일이 크리에이터라고 생각하고 있고, 따라서 지금 하고 있는 크리에이터가 제게 적합한 직업이라고 생각해요.

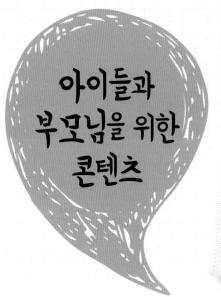

아이들과
부모님을 위한
콘텐츠

▶ 2017년 키즈 플리마켓 행사 중

▶ 사이판에서 해외 콘텐츠 촬영 중 산악 오토바이에 탑승!

▶ 애니메이션 영화 시사회에 사회자로 나섰어요.

매력적인 콘텐츠의 조건은 무엇이라고 생각하시나요?

저희 콘텐츠의 타깃은 유아와 부모님들이에요. 그래서 유익한 콘텐츠가 가장 매력적이라고 생각해요. 거기에 재미 요소가 결합되면 좋겠고요. 재미만 있는 콘텐츠를 만드는 건 더 쉬울 수 있는데, 구독자가 콘텐츠 안에서 특색을 찾으려면 그들이 저희 콘텐츠를 이롭게 느껴야 한다고 생각해요. 쉽게 말해 정보를 얻을 수 있어서 유익하다거나 하는 반응들을 얻어야 한다는 것이죠. '유익함'은 콘텐츠가 가져야 할 필수 조건이라고 생각해요.

Question

콘텐츠를 보다 재미있게 전달하는 비법이 있나요?

작가가 구성안을 주면 구성안대로 진행하기도 하지만, 경험이 쌓이기 시작하면서 아이들이 좋아할만한 포인트, 강조하고 싶은 부분이 보이기 시작하더라고요. 저희 채널에서 인기 있는 영상 중에 '화산 폭발 실험' 영상이 있는데요. "잘 놀던 공룡들이 왜 사라졌을까?"라고 말하면서 시작해요. 공룡이 왜 멸종했는지, 화산폭발설을 재밌게 설명하는 식으로 진행했어요. 저는 모범답안보다 제 스타일대로 변형해서 적용할 때 더 큰 성취감을 얻습니다. 꼭 창의적으로 진행해야겠다고 생각하는 건 아니지만, 내가 재밌어야 보는 사람도 재밌을 거라 생각해요. 한편으로는 기승전결에 맞춰 진행하는 것도 선호하고요.

Question **첫 콘텐츠를 만들었을 때, 초기 제작 당시 시행착오가 있었나요?**

이전부터 방송 활동을 계속 했기 때문에 방송 자체가 쑥스럽거나 하진 않았어요. 저희가 맨 처음에는 장난감이 아니라 강아지를 데리고 촬영했었는데요. 동물과 하루 종일 촬영하는 게 정말 힘들더라고요. 이때는 유튜브 이용자들의 반응을 보면서, 동물을 다루는 게 좋을지 장난감을 다루는 게 좋을지 고민하고 테스트하던 시기였어요.

또 아무래도 여자다 보니까 로봇 장난감에는 관심이 적을 수밖에 없어서 조작하는 것도 어려울 때가 있었어요. 다양한 캐릭터 장난감을 접하면서 익숙하지 않을 때는 시행착오를 겪기도 했죠. 지금은 길어도 1시간 반이면 10분짜리 영상을 촬영할 수 있는데 초반에는 4시간이나 걸렸어요. 꾸준히 영상을 제작해야 하니 힘든 적도 있었죠.

Question **이 길을 선택한 걸 후회한 적은 없나요?**

솔직히 후회한 적은 없어요. 그런 성격도 아니고요. 오히려 크리에이터를 이렇게까지 오래하게 될 줄 몰랐어요. 1년 하려던 걸 지금까지, 4년 동안 하고 있거든요. 체력적으로나 정신적으로 지친 적은 있었어요. 하지만 후회할 이유가 없는 게, 그동안 가지고 있던 다양한 구슬을 이제 하나로 꿰게 돼서 행운이라고 생각하기 때문이에요. 지쳤을 때는 아이들에게 에너지를 많이 받았어요. 팬미팅을 하면 아이들이 저를 안아주고 사랑한다고 말해주니까 힘이 많이 생기더라고요. 언제 또 그런 사랑을 받아보겠어요?

어떤 장비를 쓰시나요?

　사용하는 장비는 촬영 목적이나 장소에 따라서 달라지는데요. 스튜디오에서는 DSLR이나 미러리스 메인 카메라 1대, 인서트용 서브 카메라 1대, 클로즈업용 카메라 1대 정도로 구성되는 것 같아요. 야외 촬영을 할 때도 카메라는 1~2대 정도를 쓰고, 스마트폰으로 촬영할 때도 있어요.

시청자, 팬덤 관리는 어떻게 하시나요?

　팬미팅을 했을 때, 100명 넘는 친구들과 사진도 찍었는데, 부모님과 함께 새벽같이 기차를 타고 온 아이들도 있었어요. 상상도 못하던 일이었죠. 그런 친구들에게 정성을 안 들일 수가 없어요. 그래도 저는 아쉬운 적이 더 많은 것 같아요. 팬미팅을 해달라는 요청이 전국에서 들어오는데 다 하지 못하는 경우도 많거든요.

　개인적으로는 인스타그램에서 라이브 방송을 하거나 댓글에 답글을 달고 DM 답변도 일일이 달아드리려고 하고 있어요. 기분 좋은 날에는 이벤트 식으로 선물을 보내드리기도 하죠. 또 팬들이 생일이라고 하면 엽서에 편지를 쓰고 사인을 해 드리거나, 영상편지를 쓰기도 합니다.

Question 크리에이터로 활동하며 뿌듯했던 에피소드가 있었나요?

사소한 에피소드지만, "유라 누나의 어디가 좋아?"라는 질문에 "누나는 목소리가 따뜻해"라는 댓글이 달린 적이 있어요. 영상을 찍으면서도 지금 잘하고 있는 게 맞을까 걱정을 많이 하는데 그런 댓글은 큰 응원이 되죠. 저희 채널을 통해 뭔가를 배웠다는 아이들도 많아요. 한글을 배웠다든지 처음 쓴 글씨가 '유라'였다든지요. 그리고 부모님들께서 '우리 아이가 말을 예쁘게 하더라'라는 반응을 보여주실 때도 보람을 느껴요.

Question '크리에이터/진행자'로서 가장 큰 고민은 무엇인가요?

저는 원래 남을 의식하지 않고 사는 편이었어요. 어릴 때부터 사람들 앞에서 말하는 게 익숙하기도 했고요. 그런데 유아교육을 공부하면서 제가 적게는 5명에서 많으면 20명이나 되는 아이들에게 영향을 미칠 수 있다는 사실이 문득 두려워졌죠. 지금은 60만 명이 넘게 보는 채널의 진행자로서, 얼굴도 모르는 많은 아이들이 제게 직간접적으로 영향을 받게 된다는 것이 고민이기도 해요. 무심코 했던 말을 아이들이 따라하거나, 제 의도와는 다르게 어떤 장면이 부정적인 영향을 주게 될 수도 있으니까요. 저는 크리에이터이기 전에 유아교육을 공부한 교육자이기도 해서 그런 고민이 많습니다. 나중에 내 아이들에게 부끄럽지 않고 싶고, 그래서 어떻게 하면 더 지속 가능한 콘텐츠를 만들 수 있을까를 항상 신경 쓰려고 하죠.

매번 그렇지는 못하지만, 하루 촬영하고 하루 쉬는 식으로 체력 안배를 하고 있어요. 활동적인 취미를 하고 싶기도 하지만 촬영 외적으로 에너지를 많이 쓰는 활동은 잘 하지 않으려고 합니다. 운동도 규칙적으로 하진 못하고 있지만, 요가나 필라테스로 건강관리를 하고 있어요. 운동을 하면 힐링도 되더라고요.

Question 꼭 만들어보고 싶은 콘텐츠는 무엇인가요?

부모를 위한 콘텐츠를 만들고 싶어요. 2030 '밀레니얼' 세대 부모들은 경쟁이 치열한 사회에서 성장했어요. 사회적으로 자리 잡기 바쁘고, 또 서둘러 결혼하는 분들이 많은데 경제적 준비가 됐을지언정 자녀를 어떻게 키울지 고민할 시간은 부족하죠. 잘하는 분들도 있지만 많은 부모님들이 시행착오를 겪고 있습니다. 그 시행착오 기간을 단축시켜드리고 싶어요. 육아와 유아교육이 조금 다르긴 하지만 접점이 많다고 생각하는데, 아이들이 자라면서 발달 특징도 다르게 나타나고, 부모가 육아법을 공부할 절대적인 기회가 적으니 그런 부분에서 제가 실질적인 도움을 드리고 싶어요. 함께 고민을 나누고 소통할 수 있는 자리도 만들고 싶고요. 어릴 때부터 꿈꿨던 일이에요.

크리에이터가 아닌 최다은 님은 어떤 분인가요?

저는 정적인 면과 동적인 면을 다 갖추고 있는 것 같아요. 어떨 때는 막 활동적이다가도 또 혼자 있고 싶어지거나 책을 읽으려고 하게 돼요. 지금까지는 두 가지를 잘 안배하고 있는 것 같아요. 요즘엔 지금보다 더 전문가로 성장하고 싶다는 생각을 많이 하게 됩니다. 유아교육 석사를 졸업했지만 석사 공부를 할 때보다 요즘에 관련 도서나 논문을 더 많이 읽고 있어요. 배울 게 정말 많아서 좋아요. 최근엔 제가 가진 다양한 관심을 좀 좁혀서 특히 필요하다고 생각하는 부분에 집중하여 에너지를 쓰고 있습니다.

▶ 네팔 봉사활동 중 한 컷

전문성을 갖춘
크리에이터로
성장하기

▶ 과학창의 연극에서 '깨끗한 물 만들기' 실험을 소개하는 모습

▶ 아이들이 행복하길 바라는 소원을 담은 풍등

Question **'크리에이터/진행자'로서 차별성을 키우기 위해**

어떤 노력을 하셨나요?

캐릭터를 잡기 위해 대단한 노력을 기울이진 못했던 것 같아요. 다른 채널을 많이 분석한 것도 아니었고요. 특별히 저만의 차별성을 깊게 고민한 적은 없었지만, 그래도 유아교육을 공부하고 고민했던 경험이 쌓여서 지금의 저를 만들었고, 제 가치관이 어느 정도 드러나고 있다고 생각해요. 부모님들이 '유라야 놀자를 아이들에게 보여주는 건 안심이 된다'며 신뢰를 보여주시면 저도 잘하고 있는 게 아닐까 믿게 되고, 어쩌면 그게 차별점이지 않을까요?

Question **크리에이터가 염두에 두어야 할**

중요한 가치는 무엇이라고 생각하시나요?

유명인들의 인터뷰를 보면, '내 영향력이 어느 정도인지 잘 몰랐다'는 말을 많이 하는 걸 볼 수 있잖아요. 저도 비슷해요. 구독자 수가 적건 많건, 크리에이터는 단 10명이 봐도 그 사람의 콘텐츠가 남는 거예요. 콘텐츠는 언제든 전 세계로 확산될 수 있고요. 그래서 내가 뭘 하고 있는지, 어떤 말을 하고 싶은 건지 확실히 알고 가야할 필요가 있어요. '일단 만들어 보자'라고 접근하기보다는 내가 100만, 1,000만 구독 크리에이터라고 했을 때 보여줄 콘텐츠를 바로 시작하는 게 좋다고 생각해요. 시청자가 관심을 갖는 콘텐츠도 중요하지만, 그 전에 자기 자신이 잘 만들 수 있는 것을, 그리고 자기 자신을 잃어버리지 않는 것이 더 중요합니다.

Question 크리에이터 열풍은 일시적이라는 관점에 대한
견해는 어떠신가요?

저는 어릴 때부터 연예인을 좋아한 적이 없었어요. 그래서 '팬심'이 뭔지 잘 몰랐는데, 요즘엔 제가 몇몇 크리에이터 분들에게 매료돼있어요. 그분들이라면 유튜브에서 볼 수 없게 되더라도 다음 행보가 궁금해질 것 같아요. 그래서 유튜브, 크리에이터의 인기가 일시적이지는 않을 거라 생각해요.

방금 말한 크리에이터들은 저뿐만 아니라 시청자들에게 좋은 영향력을 주는 분들인데요. 그들이 전문가가 아니라도 그 사람 자체, 그 사람의 생각에 매력을 느끼게 돼요. 세상에는 다양한 사람이 존재하고, 그만한 수의 관심과 니즈가 존재하는데 TV같은 기존 매체는 한계가 있어요. 유튜브는 다양성을 포함한 플랫폼이고 다양한 크리에이터가 존재해요. 개인의 니즈에 맞는 콘텐츠 크리에이터들이라면 그 영향력은 분명 오래갈 거예요.

Question 창작 환경이 빠르게 변하고 있습니다.
그 속에서 크리에이터는 어떻게 변화해야 할까요?

크리에이터는 플랫폼보다 콘텐츠가 중요한데요. 최근에는 '콘텐츠는 창작물이기도 하지만 크리에이터 그 자체'라는 말까지 나오고 있어요. 제가 학교에서 배운 유아교육이 현재의 트렌드와 변화를 정확히 반영한 교육은 아니에요. 전통적인 내용이 많아서인지 저도 배우면서 너무 원론적이라는 생각을 할 때가 많았죠. 그래서 현 시점에 필요한 이야기는 무엇인지, 그것을 어떻게 전달해야 할지 고민하고 생각하게 됩니다. 유아교육 이론을 어떻게 응용할 수 있고, 부모님들에겐 어떤 니즈가 있으며 나는 어떤 역할을 해야 하는지 생각해야 하죠. 크리에이터 스스로 질적인 성장을 이루면서 트렌드에 맞춰나가는 게 중요할 것 같아요.

앞으로의 계획은 무엇인가요?

2019년에는 제 이름으로 된 책을 내는 게 목표예요. 부모님들을 위해 아이들과 할 수 있는 놀이와 상호작용에 관한 팁이나 노하우를 담으려고 해요. 교류분석상담사 자격증도 공부하고 있어서 자격을 취득하고 나면 오프라인에서 부모님들을 실제로 만나보려고 계획하고 있고요.

Question 크리에이터를 꿈꾸는 청소년들에게 한마디 해주신다면요?

이런 말씀을 드리고 싶어요. 저는 유튜브를 시작한 지 4년차인데, 유튜브는 진입장벽이 낮아 누구나 할 수 있고 무엇이든 콘텐츠가 될 수 있어서 매력적이에요. 이걸 시작하는 건 대단한 용기지만 가장 중요한 부분은 '지속 가능성'이에요. 콘텐츠를 당장 10개는 만들 수 있겠지만 이어서 100개, 1,000개를 만들 수 없다면 그게 의미가 있을까 하는 생각이 듭니다. 나만의 꿈과 진로를 찾아가는 시기니까, 무엇보다 오래 할 수 있는 나만의 콘텐츠를 잘 찾으셨으면 좋겠습니다.

▶ 사랑의 장기기증 광고(상)
▶ 뉴욕 타임스퀘어에 한국 문화를 알리는 캠페인 참여(하)

부기드럼이라는 드러머를 처음 알게 된 건 페이스북에서였다. <인간극장> 주제가, 마트 로고송, 동요, 애니메이션 주제가를 세상 진지하게, 마치 파괴할 듯이 연주하는 영상이 독특했다. 또 하나, 어린 나이에 비해 시나위, 김바다(BAADA)라는 한국 록의 전설과 함께 창작한다는 사실도 그의 특이점이다. 나는 페이스북 DM으로 그에게 인터뷰를 요청했고 여의도의 한 카페에서 그를 만날 수 있었다.

'대중이 좋아하는 연주자'가 되고 싶다고 밝힌 부기드럼의 첫 인상은 기대보다도 더 진지했다. 과장을 보태 한 명의 철학자를 마주한 것 같은 느낌마저 들었다. 부기드럼은 음악에 대한 자신의 기준점을 지키면서도 대중에게 보다 어필할 수 있는 방법을 찾아내고, 한편으로는 지나치게 아이돌 그룹에 편중된 대중음악 시장에서 연주자의 저변을 넓히고자 노력하는 1인이기도 하다. 구독자 18만 명이 모인 유튜브 채널이 개설된 것도 이런 이유에서다.

유튜브 채널 '부기드럼'

음악 크리에이터
부기드럼 | 박영진

- 유튜브 채널 '부기드럼' 운영(구독자 18만 명)
- 시나위 드러머
- BAADA(김바다) 드러머
- Myori 드러머

크리에이터 부기드럼의 이력서

BOOGIE DRUM

음악 크리에이터 **부기드럼** ✔ 구독 18만

유튜브 채널 가입일 • 2013. 8. 19.
누적 조회수 • 약 2,923만 뷰

PROFILE

이름
박영진

직업
- 유튜브 채널 '부기드럼' 운영
- 드럼 연주자

PLAY LIST

주요 코너
≡ CM송·대중가요·동요·TV프로그램 오프닝 드럼 커버 연주
≡ 록·팝송 드럼 연주

CAREER

경력
- 유튜브 채널 '부기드럼' 운영
- 시나위 드러머
- BAADA(김바다) 드러머
- Myori 드러머

BEST VIDEOS

부기드럼의 주요 영상들(조회수 기준)

❶ 이마트 노래 록드럼 버전
226만 뷰

❷ 안철수 누구메탈 드럼 커버
98만 뷰

❸ 보이스톡 연결음 드럼 연주
81만 뷰

❹ 뽀로로 오프닝 드럼 연주 in 서울드럼페스티벌
76만 뷰

❺ 아모르파티 드럼 커버
71만 뷰

'연주자'를 알리기 위해 나서다

▶ 연주하는 크리에이터, 부기드럼

▶ 하나의 음악을 구성하는 데는 다양한 요소가 필요해요

Question 간단히 자기소개 및 채널소개를 해주세요.

안녕하세요. 드러머 박영진입니다. 시나위, BAADA(김바다) 그리고 묘리(Myori) 밴드에서 드럼을 치고 있고, '부기드럼'이라는 유튜브 채널도 하나 운영하고 있습니다.

Question 자신의 10대 시절을 돌아본다면요?

10대 때는 아무래도 학생이라 당장 해야 하는 일이 있긴 했지만, 성향은 지금과 비슷한 편이었어요. 좋아하는 음악을 탐구하고, 드러머로서 방향성을 탐구하는 데 많은 시간을 보냈죠. 중학생 때부터 밴드를 했으니까요. 저는 사람이 직접 연주하는 음악을 좋아하는데요. 옛날에는 특별한 디지털 장치가 없었잖아요? 사람이 낼 수 있는 소리로 대중에게 멋진 감흥을 전하는 뮤지션들이 좋았어요. 그래서 딥 퍼플, 레드 제플린, 레인보우 같은 1세대 밴드의 작품을 좋아할 수밖에 없었던 것 같아요. '사람이 직접 연주하는 음악'은 제가 음악을 하게 된 직접적인 계기이기도 해요. 위에서 말한 뮤지션 분들의 음악을 들으면서 드러머 박영진의 테마는 어떻게 될지, 방향성은 어떻게 잡아야 할지, 어떤 연주자가 될지를 고민했어요. 그 과정에서 자연스럽게 2세대, 3세대 연주자들의 음악으로 관심이 옮겨졌고요. 저는 음악을 했지만 마냥 놀지만은 않았어요. 공부도 나름 열심히 했고요.

나에게 큰 영향을 준 에피소드는 무엇인가요?

영국 록밴드 중에 '화이트스네이크'라는 밴드가 있어요. 화이트스네이크가 내한 공연을 한 적이 있었는데, 저는 그분들이 록밴드라는 개념을 대중화한 장본인들이라고 생각해요. 당연히 내한공연을 보러 갔고, 어릴 때였지만 공연을 보고 큰 충격을 받았죠. 저는 "나는 학생이니까 이 정도만 하면 돼"라고 생각하는 아이는 아니었기 때문에 제가 원하는 목표 치가 있으면 당장 내일 거기까지 도달하길 바랐어요. 화이트스네이크의 공연을 보고 그런 마음가짐에 열정이 더 붙었죠.

Question **크리에이터는** 어떻게 시작하게 되셨나요?

요즘은 클릭 한번으로 온 세상의 영상을 다 볼 수 있잖아요? 디지털 시대가 된 만큼 사람들이 예전보다 직접 자기가 뭔가를 체험하고 확인하려는 성향은 줄어든 것 같아요. 일부는 그 다음 단계로 넘어가지만 많은 분들이 대리경험을 하길 원하죠.

저는 한 명의 드러머로서, 드럼을 계속 치기 위해 사람들에게 나를 알리는 노력도 필요했어요. 어떻게 해야 연주자로서 사람들에게 다가갈 수 있을지 고민했죠. 원래는 밴드의 일원으로서 사람들에게 접근하는 드러머가 돼볼까 했는데, 저를 더 확실하게 알릴 필요가 있겠더라고요. 사람들이 저를 잘 모르니까요.

'나를 알린다'라는 목적 외에도 한국에서는 연주자에 주목하는 일이 잘 없기 때문에 '연주자'를 알려야겠다는 생각도 함께 들었는데요. 실용음악과 같은 음악 전공 학과를 가보면, 작곡 전공 학생들이 있어도 연주 전공 학생들이 꼭 있어야 실제로 음악이 만들 어지는 걸 볼 수 있거든요. 저는 저 혼자 잘되는 것보다 대중에게 '나'라는 연주자를 직접 알리면 제 영상을 보고 음악을 듣는 분들이 하나의 음악을 구성하는 데 다양한 요소가 필요하다는 걸 알게 될 거라는 생각에 집중했어요. 연주자 한 명에게 관심이 생기면 다른 연주자도 찾아볼 수 있게 되니까요.

대중이 연주자에게 관심을 갖는 문화가 형성되면 음악과 예술이 발달할 수밖에 없어요. 이런 목표를 이뤄보기 위해서 누군가 대신 해주길 기다리기보다 직접 뛰어드는 것도 괜찮겠다고 생각했는데, 마침 영상을 올리기에 적합한 플랫폼인 유튜브가 성장하고 있었죠. 그렇게 크리에이터를 시작하게 됐습니다.

Question 콘텐츠의 내용은 어떻게 구성하시나요?

저는 원래 연주를 하던 사람이라서 그런지 특별하게 새로운 시도를 하기보다는 계속해서 연주를 선보이고 있어요. 제가 유튜브를 개설한 것도 드러머 박영진은 있는 그대로 보여주면서, 보다 많은 사람들에게 친숙하게 다가가고 싶어서였거든요. 그래서 유튜브에 올릴 영상을 제작할 때는 진지한 록 음악 말고도 대중가요, CM송, 애니메이션 주제가 같이 친숙한 곡을 선택하고 있어요.

Question 첫 콘텐츠를 만들었을 때, 초기 제작 당시 시행착오가 있었나요?

다른 분들에 비해 다행일 수도 있는데, 저는 중학생 때부터 연주 영상을 조금씩 만들어왔어요. 영상들은 개인적으로 보관하기도 하고 인터넷에 올리기도 했죠. 그래서 영상을 제작하는 것이 아주 힘들지는 않았어요. 시행착오도 크게 없었던 것 같고, 본격적으로 콘텐츠를 만들면서부터는 계속 배워가는 느낌이 들어서 오히려 좋아요.

부기드럼의 하루 일과는 어떤가요?

저뿐 아니라 음악을 하는 분들은 하루하루가 전혀 다를 때가 많아요. 그래서 일찍 일어날 때도 있고 전날에 아주 늦게까지 일을 했다면 다음날은 늦잠을 자기도 하죠. 그래도 일찍 일어나려고 노력하는 편이에요. 일이나 합주 작업이 없을 때면 대부분 연습을 하는데, 시간을 따로 정하지는 않아요. 제가 좋아서 연습하는 거라 틀을 정하기 싫더라고요. 주말이나 여유로운 날에는, 제가 서울 생활을 시작한지 오래되지 않았는데 아직 가본 적 없는 곳을 산책하거나, 풍경을 눈에 담으면서 보내고 있습니다.

그리고 요즘엔 유튜브에 올릴 영상 작업도 하고, BAADA 앨범 작업도 하고 있어요. 묘리라는 밴드는 시작한지 얼마 안 돼 본격적으로 곡 작업과 공연 준비에 몰두하고 있습니다. 다  양한 일과를 하며 하루를 보내지만 잘 생각해보면 모든 일과가 드러머로서의 '오리지널리티'를 예전보다 강화시켜나가는 과정인 것 같아요.

크리에이터라는 직업의 매력은 무엇일까요?

크리에이터는 생각을 멈출 수 없는 직업이에요. 보통 직장 생활을 하면 '내일 일정도 뻔하겠지'라는 생각이 들 때가 많고, 그러면 별 생각 없이 내일을 맞이하게 되는데 크리에이터는 달라요. 항상 다른 작업, 다른 콘텐츠를 생각하게 되죠. 항상 내일을 생각하게 한다는 점에서 매력적인 일이라고 생각합니다.

나 자신을
다스리고
관리하는
힘

▶ 첫 팬미팅 현장

▶ 팬미팅에서 연주를 준비하는 모습

▶ 연주자와 드러머를 알리는 크리에이터

Question 부기드럼이 사용하는 장비는 무엇인가요?

스마트폰도 쓰고, 액션캠도 쓰고, 촬영 콘셉트에 맞춰 큰 카메라를 쓰기도 해요. 그때 그때 장비가 달라지죠. 당연히 촬영 장비보다는 드럼에 더 신경을 쓰고 있는데요. 노래 하는 사람이 자신만의 성대를 갖고 있듯이 연주자도 자기만의 톤이 있어야 돼요. 저는 큰 드럼을 좋아해요. 일반적으로 드럼 연주자들은 22인치 베이스 드럼을 많이 쓰는데 저는 26인치 드럼을 사용하고요. 펄 드럼과 '파이스테'라는 회사의 심벌, '레모' 사의 드 럼 헤드를 사용해요. 그리고 저는 '베이터' 사 에서 나온 제 시그니처 스틱을 갖고 있기도 하죠. 심벌은 곡 스타일이나 촬영에 따라 세 팅을 바꾸고 있어요.

Question 시청자, 팬덤 관리는 어떻게 하시나요?

1월에 처음으로 오프라인 팬미팅을 했어요. 드러머이자 크리에이터 부기드럼으로서 유튜브에서만 소통하던 팬들과 오프라인에서 만났는데 아주 새로운 느낌이었습니다. 연주자 팬미팅에 130명이나 찾아주신 것도 신기했는데, 대구에서 KTX를 타고 오신 분 도 있었어요. 많은 분들이 기억나는데, 라이브 방송을 할 때 입시 준비한다고 응원해 달 라고 했던 분이 있었어요. 이분이 원하는 대학에 합격해서 팬미팅에 오셨더라고요. 한번 안아달라고 하시던 게 특히 기억에 남네요. 이렇게 팬미팅을 하긴 했지만 팬들과 소통은 거의 공연을 통해 하고 있어요. SNS도 하고, 가끔씩 라이브 방송을 켜기도 하지만 뮤지 션으로서 직접적인 소통은 공연을 통해 하고 있습니다.

부기드럼 덕분에 음악을 들을 때 연주 쪽에 관심을 두기 시작하셨다는 분들, 그리고 드럼에 관심이 많아졌다는 분들과 드럼을 배우기 시작했다는 분들이 가끔 계세요. 팬미팅 참석자들 중에도 그런 분들이 계셨죠. 드러머와 연주자를 더 알리고 싶어서 유튜브를 개설한 건데, 제가 바라왔던 것과 맞아떨어진 것 같아서 많이 뿌듯해요.

 **Question** 불규칙한 생활 속에서 시간관리, 건강관리를 하는 노하우가 있다면요?

노인이 돼도 힘이 떨어지지 않는 드러머가 되고 싶어서 건강관리는 철저하게 하는 편이에요. 예전과 다르게 클릭 한 번이면 영상으로 공연을 볼 수 있잖아요? 그만큼 누군가가 제 공연을 보러 온다는 건 설레고 소중한 일이라고 생각해요. 그리고 그런 분들에게 할 수 있는 한 최고의 연주를 들려드려야 한다는 게 제 생각입니다. 그래서 담배는 절대 피우지 않고, 술은 정말 친한 사람들과 있을 때, 혹은 상대방이 술을 먹을 때 조금만 입에 대요. 나트륨이 많은 자극적인 음식도 피하죠. 항상 좋은 에너지로 연주할 수 있는 드러머가 되고 싶으니까요.

'크리에이터'로서 고민이 있다면 무엇인가요?

어떤 분야든 시장의 크기가 있잖아요? 그런 관점에서 보면 냉정하지만 한국은 연주자를 중심으로 한 시장이 거의 없어요. 지금까지도 없었다고 생각하고요. 기타 같이 좀 더 많이 알려진 악기는 다를 수 있겠지만, 드럼처럼 그다지 익숙하지 않은 악기는 시장 규모가 너무 작죠. 제가 드럼을 연주하고 유튜브 크리에이터로 활동하는 데는 이 시장을 키우는데 이바지하고 싶은 마음도 있기 때문이에요. 어떻게 하면 메인 시장에 근접할 수 있을까 고민하고 있죠.

크리에이터의 길을 선택한 것을 후회한 적은 없나요?

살아오면서 후회라는 건 별로 해본 적이 없는 성격이에요. 대신 그런 생각은 하죠. 지금은 음악을 하는 사람으로서 내 길을 걷고 있는데, '만약 과학을 탐구하는 진로를 택했으면 어땠을까?'라는 생각이요. 제가 원래 과학이나 사람의 본질적인 부분을 탐구하는 걸 좋아해서요. 그런 삶을 택했다면 또 다른 재미가 있지 않았을까요?

Question 크리에이터가 조심해야할 게 있다면 무엇일까요?

크리에이터라서 꼭 그런 게 아니라, 살아가면서 한번쯤 생각해 보면 좋다고 여기는 부분이에요. '잘 되는' 걸 목표로 하고 살다보면 새로운 인간관계가 형성되기 마련인데, 본질적인 인간관계를 잘 유지해야 할 것 같아요. 물질적인 것에 얽매이지 않고 인간 대 인간으로서 대할 수 있는 관계요. 영향력이 어느 정도 생기면 사람이 쉽게 거만해질 수 있잖아요? 그럴수록 생각과 행동을 조심할 필요가 있다고 생각합니다. 내게서 물질적인 부분이 사라진다면 이 사람들이 내 곁에 남아있을까? 숲 안에 있으면 숲이 안 보인다는 것을 염두에 두고, 각자의 영향력을 키워나가면서 다른 사람이 나를 볼 때 나는 어떤 사람으로 보일지 생각해 보는 게 중요할 것 같아요. 어딜 가든 내가 타인을 평가하기도 하고, 반대로 내가 평가받기도 하잖아요? 크리에이터처럼 자기 영역을 키워야하는 일을 한다면 더 고민해야 할 부분이에요.

Question 크리에이터가 아닌 박영진 님은 어떤 분인가요?
취미나 좋아하는 것을 알려주세요

우선 록 음악을 좋아하지만 록만 듣지는 않아요. 국내 대중가요나 팝도 많이 듣고 있고, 과학 분야를 좋아해서 동물에 관한 정보를 많이 찾아보기도 해요. 크리에이터로서 부기드럼은 색이 확고하니까 주관이 셀 것 같다는 소리를 많이 듣는데요. 평상시 저는 담백하고 빈티지함을 좋아하는 사람이에요. 그리고 항상 생각하는 사람이기도 하죠. 생각을 너무 깊게 하는 편이라, 가벼울 필요가 있을 때 남들의 기대만큼 가벼워지지 못해서 살짝 고민되기도 하지만요.

Question 꼭 만들어보고 싶은 콘텐츠가 있다면요?

음악을 만드는 데 중요한 역할을 하는 분들을 소개하는 콘텐츠를 만들어보고 싶어요. 스튜디오 엔지니어나 수많은 악기 연주자들 같이 사람들이 미처 생각하지 못했던 분야에서 일하는 분들이 많거든요. 한편으로는 좀 뻔할 수도 있지만 브이로그도 찍어보고 싶네요.

Question 평소 즐겨보거나 추천하고 싶은 채널은 무엇인가요?

저는 유튜브를 하는 사람이지만 유튜브를 많이 보는 편은 아닌데, '자연스럽고 담백한 채널', '재밌고 웃긴 채널', '크리에이터에게서 추진력과 에너지를 느낄 수 있는 채널'을 좋아해요. 첫 번째에 해당하는 분이 강원도에서 농사짓는 '버라이어티 파머'이고, '두클립'이나 '김스카이 하늘담' 채널을 웃으며 보고 있죠. 그리고 '킴닥스' 채널을 보면서 그분의 에너지에 공감해요. 제가 잘 모르는 분야들인데도 영상을 보며 '이런 게 있구나'라고 깨닫게 되죠.

▶ 좋은 크리에이터란
새로운 에너지를 얻게 하는 크리에이터

▶ 초심을 잃지 않는 것, 좋은 음악을 활발하게 선보이는 것이 목표입니다.

'나'의 정체성과
시대적 감성이
어우러진 콘텐츠

▶ 나를 잘 알아야 오래 할 수 있는 콘텐츠를 만들 수 있어요.

Question 매력적인 콘텐츠의 조건은 무엇일까요?

어쨌든 영상은 시각 매체니까 즉각적인 반응을 불러일으킬 수 있는 콘텐츠가 좋은 것 같습니다. 영상이 우리 눈을 거쳐 뇌까지 입력되는 과정은 말 그대로 찰나니까요. 좋은 글도 서론부터 눈을 사로잡잖아요? 카드 뉴스나 카드 형태로 제작된 광고가 초반에 관심을 사로잡듯이 말이죠. 이런 점은 매체는 각기 다르더라도 콘텐츠가 갖는 공통점 같아요. 물론 보다보면 중간쯤부터 와 닿거나 공감되는 좋은 콘텐츠도 있지만, 대중이 콘텐츠를 볼 때는 바쁜 와중에 내 시간을 소비하는 거니까 곧바로 감흥이 느껴지는 콘텐츠가 더 매력적으로 다가오지 않을까 싶어요.

Question 좋은 크리에이터란 어떤 사람일까요?

새로운 에너지를 얻을 수 있게 하는 크리에이터가 좋은 크리에이터라고 생각해요. 유튜브에는 수많은 영상이 올라오다 보니 영상 하나를 보고 그냥 넘어가는 경우도 많잖아요. 어떤 크리에이터를 통해서 뭔가를 배우게 되거나 깨닫는 게 있다면, 그리고 크리에이터를 통해 스스로 자극받을 수 있다면 좋은 크리에이터겠죠.

 **Question**

크리에이터 열풍은 일시적이라는 관점에 대한 견해는 어떠신가요?

　세상이 톱니바퀴처럼 흘러간다고 생각하면, 요즘은 그 속도도 갈수록 빨라지는 느낌이에요. 유행이 워낙 빨리 바뀌고, 예상하지 못한 과학적 발전으로 인해 전혀 다른 세상이 도래하기도 하죠. 그래서 쉽게 예상할 수 없는 것 같습니다. 일시적일 수도 있지만 스마트폰 기능이 발전했고 영상을 많이 보는 시대가 됐으니 현 상황이 생각보다 오래갈 수도 있겠죠. 그만큼 결론을 쉽게 내릴 수 없어요. 그래서 흐름이 바뀌어 다른 유행이 올 때 잘 대처해야하는 면도 있어요. 유행이라는 게, 몇 년 전에 잠잠해졌다가 갑자기 화제가 되는 경우도 있으니까요.

Question

창작 환경이 빠르게 변하고 있습니다. 그 속에서 크리에이터는 어떻게 변화해야할까요?

　다른 유행이 올 때 잘 대처해야 한다는 말씀을 드렸는데요. 크리에이터는 본인만의 정체성을 잘 유지하면서도 시간이 흐르며 변화하는 시대적 감성을 잘 캐치해야 돼요. 그런 '감성'이 대중에게 친숙하게 다가갈 수 있는 포인트니까요. 오랫동안 인기를 유지하는 가수들은 자신의 색을 잃지 않으면서 때로는 대중의 요구에 맞게 변화하기도 하잖아요? 그런 것과 비슷하지 않나 싶습니다.

초심을 잃지 않고 사람들이 연주자에 대해 더 관심을 갖게 만드는 게 제 목표고요. 밴드 드러머로서 좋은 음악을 활발하게 선보이고 싶어요. 그리고 크리에이터뿐 아니라 좋은 연주자로서도 사람들과 지금처럼 잘 소통하면서 오랫동안 함께할 수 있다면 좋겠습니다.

Question 크리에이터를 시작하려는 청소년들이 어떤 준비를 하는 게 좋을까요?

우선 자기 자신을 잘 알아야 돼요. 내가 어떤 성격인지, 뭘 좋아하는지, 생각보다 훨씬 더 자기 자신에 관해 자세하게 알고 있어야 하죠. 나를 잘 알아야 오래 할 수 있는 콘텐츠를 만들 수 있어요. 그만큼 상대방도 잘 알아야 되는데요. 상대방이라고 하면 나와 대화하는 사람일 수도 있고, 콘텐츠 시청자일 수도 있어요. 구독자들이 뭘 원하는 지 잘 파악할수록 좋겠죠.

유튜브 크리에이터를 시작하기까지 모든 여건이 잘 갖춰진다면 좋겠지만, 완벽하지 않더라도 일단 시작해보는 것도 나쁘진 않은 것 같아요. 장비와 관련해서 더 그렇다고 할 수 있는데요. 지나치게 성능이 안 좋지만 않다면 스마트폰으로도 충분히 촬영을 할 수 있으니 괜찮아요. 당장 내일 최상의 결과물을 만들어내고 싶겠지만 너무 조급할 필요는 없어요.

당장 내일 대박이 나는 사람도 있고, 몇 년이 흐르고 나서 잘되는 사람이 있듯이 일단 시작하고 나서 나를 키워가는 과정을 밟는 것도 좋아요. 그래서 장비를 잘 갖추는 것보다도 내가 발전할 수 있는 '목표치'를 두는 게 더 중요하죠. 한발씩 나아가는 과정을 돌아보는 것도 굉장히 매력적이거든요. 사람들은 보통 행복이 미래에 있다고들 말하고, 그 행복에 가까워지는 시점에 도달하면 또 다른 미래를 보게 되죠. 하지만 현재도 잘 돌아가고 있고 행복하다는 걸 깨닫는 것도 못잖게 중요하다고 생각합니다.

'예능형 자연교육 콘텐츠'를 제작하는 에그박사는 이 책의 유일한 팀 크리에이터이다. 어릴 때부터 자연에서 뛰어놀기 좋아했던 그들은 중학교 '절친'이다. 곤충과 생물 과목을 좋아했던 친구는 대학에 진학해 응용생물학을 전공했고, 어떤 어려운 내용도 밝고 흥미롭게 전달할 수 있는 친구는 마케팅 회사에 몸담았다. 그리고 또 다른 한 친구는 MCN 현장에서 새로운 생태계를 만들어가고 있었다.

에그박사는 세 친구가 각자의 영역에서 활동하다가 팀을 이룬 케이스다. 한마디로 시너지가 뚜렷한 팀이다. 영상 기획과 제작, 크리에이터 산업을 꿰뚫고 있는 양박사가 콘텐츠의 연출 방향을 조율하면, 에그박사의 목소리를 탄 웅박사의 전문 지식이 쏟아진다. 고된 제작 과정 속에서 1인 크리에이터들이 스트레스를 느낄 때도 세 친구는 서로의 힘이 되어 준다.

20만 명이 구독하는 에그박사는 어린 시청자들에게 생생한 자연을 전달해주는 친구이자 선생님으로서 네모난 화면 속에 자연을 옮겨오는 일을 하고 있다.

유튜브 채널 '에그박사'
키즈&펫(자연 콘텐츠) 크리에이터

에그박사
| 김경윤·김경민·양찬형

- 유튜브 채널 '에그박사' 운영(구독자 20만 명)
- 크리에이터 멘토링 프로그램 진행
- SBS 니켈로디언TV 파트너십
- KBS <아침이 좋다>, <전국을 달린다> 출연
- SBS <모닝와이드>, MBC <랭킹쇼 1, 2, 3> 출연
- 영상 공모전 다수 입상

크리에이터 에그박사의 이력서

EGG&BUGS

키즈&펫(자연 콘텐츠) 크리에이터 **에그박사** ✅

유튜브 채널 가입일 • 2016. 11. 23.
누적 조회수 • 약 7,603만 뷰

구독 20만

PROFILE

이름
김경윤·김경민·양찬형

직업
유튜브 채널 '에그박사' 운영

PLAY LIST

주요 코너
≡, 인도네시아 생물 탐사
≡, 생물 100배 확대
≡, 곤충 화석 만들기
≡, 동물 달리기 등

CAREER

경력
• 유튜브 채널 '에그박사' 운영
• 크리에이터 멘토링 프로그램 진행
• SBS 니켈로디언TV 파트너십
• KBS <아침이 좋다>, <전국을 달린다> 출연
• SBS <모닝와이드>, MBC <랭킹쇼 1, 2, 3> 출연
• 영상 공모전 다수 입상

BEST VIDEOS

에그박사의 주요 영상들(조회수 기준)

❶ 꼬마장수말벌 관찰! 밀웜을 사냥하는 말벌!
232만 뷰

❷ 미꾸라지 먹는 대형 청개구리! 사냥의 명수 '로로'
227만 뷰

❸ 아기 청개구리, 대왕 물고기! 봄철 계곡엔 어떤 생물이?
198만 뷰

❹ 민물가재/도롱뇽 채집 편 대왕가재 발견!
184만 뷰

❺ [곤충동화]물곤충수영놀이! 풍빌라 여름휴가
115만 뷰

자연과 곤충을 사랑한 친구들

▶ '예능형 자연교육 키즈 콘텐츠 채널 에그박사의 세 친구들

▶ 곤충 동화 콘텐츠 촬영을 위한 세팅

▶ 유튜브 실버 버튼 수상!

Question 간단히 자기소개 및 채널소개를 해주세요

에그박사는 '예능형 자연교육' 키즈 콘텐츠 채널입니다. 중학생 때부터 친했던 친구 세 명이 모여서 제작하기 시작했는데요. 에그박사(김경윤)는 전문 지식을 밝고 재밌는 진행 방식을 통해 쉽게 설명하는 역할을 맡고 있어요. 웅박사(김경민)는 생물을 전공했는데요. 어릴 때부터 곤충을 사육하며 전문 지식을 쌓아왔죠. 양박사(양찬형)는 전체적인 연출과 촬영, 편집을 담당하고 있습니다. 에그박사는 이렇게 세 명이 협력해서 만들고 있는 채널이고, 2017년 1월에 개설해서 이제 2년이 넘었네요.

Question 자신의 10대 시절을 돌아본다면요?

에그박사) 어릴 때 자연으로 나가서 노는 편이었어요. 컴퓨터 앞에 앉기보다 산에 올라가서 물고기 잡고, 가재 잡고, 자전거를 타면서 놀았죠. 요즘 청소년들을 보면 하루하루 스케줄이 정말 빡빡하잖아요? 저는 다행이었던 게, 부모님께서 학원을 한 군데만 보내시고 그 밖에 공부에 대한 터치는 잘 안하셨어요. 그래서 친구들과 함께 활동할 수 있는 시간이 많았던 것 같아요. 10대 때만 해도 장래희망이 기자였어요. 무려 종군기자였죠. 그런데 기자가 되려면 공부를 잘해야 하더라고요. 제가 공부를 치열하게 하는 편은 아니었기 때문에 시간이 지나면서 기자라는 진로는 접었던 기억이 나네요.

웅박사) 저는 정말 어릴 때부터 곤충을 좋아했어요. 초등학교 때 쓴 일기장을 보면, 여덟 살 때부터 곤충 이야기를 썼더라고요. 그때부터 꿈도 곤충학자였죠. 곤충이 정말 좋아서 친구들에게 애벌레나 인기 많은 사슴벌레, 장수풍뎅이를 잡아 나눠주기도 했어요. 자연스레 과학 수업, 특히 생물 과목을 좋아하게 되었고 대학교에 진학해서도 생물을 전공했어요. 에그박사가 자연에서 노는 걸 좋아했다면 웅박사는 좀 더 전문적으로 배운 케이스죠.

Question 나에게 큰 영향을 준 에피소드가 있다면 무엇인가요?

에그박사) 진로를 결정해야 하는 시기에 부모님께서 편찮으셨어요. 그래서 제 진로에 대해 신경을 잘 못 쓰셨죠. 꿈이나 진로, 문과를 갈 건지 이과를 갈 건지 등, 선택의 순간이 오면 스스로 정해야 했어요. 원래는 이과에 가는 게 맞는 성적이었는데 기자라는 꿈 때문에 문과를 선택하긴 했었죠.

웅박사) 어릴 때 아버지께서 엄청 큰 나무를 타고 올라가 매미를 잡아주신 적이 있는데, 정말 멋지는 모습이었죠. 그게 곤충에 대한 저의 첫 기억이에요. 매미도 신기했고요. 저는 어쩌면 곤충을 좋아할 수밖에 없었던 것 같아요. 부산에서도 그린벨트 지역에서 자랐거든요. 주변을 아무리 둘러봐도 산과 숲 밖에 없어서, 어릴 때부터 장난감 대신 장수풍뎅이 같이 좋아하는 곤충을 잡아 키우고 놀았죠. 계속 그렇게 놀다보니까 자연스럽게 곤충에 대한 관심으로 이어진 것 같습니다.

Question 크리에이터는 어떻게 시작하게 되셨나요?

웅박사) 저희는 유튜브를 보는 시청자 입장이었어요. 그냥 재밌게 동영상을 보던 사람들이었는데, 미디어 계통에서 일을 해봤던 양박사가 '유튜브를 한번 해보자'라고 제안을 해 왔어요. 저랑 양박사 둘이서 콘텐츠를 어떻게 만들지 의논하다가 MC가 필요하다는 생각이 들어서 그때 잠시 회사를 그만둔 상태였던 에그박사를 섭외했죠. 처음에는 일단 6개월 동안 꾸준히 해보자는 목표를 세웠습니다. 그런데 시작한 지 딱 6개월 쯤 됐을 때, '민물가재·도롱뇽 채집 영상'(2019년 7월 기준 조회수 218만 회)이 유튜브 인기 영상에 올라간 거예요. 터진 거죠. 그때부터 채널이 조금씩 탄력을 받기 시작했고, 전업 크리에이터로 전향하게 됐어요.

에그박사의 하루 일과는 어떤가요?

촬영하는 날을 위주로 말씀드리겠습니다. 저희는 직장인처럼 정해진 시간에 일찍 일어나진 않아요. 오히려 늦게 일어나는 편이죠. 오전 중에 만나서 야외 촬영이나 스튜디오 촬영을 하는데 한 번에 촬영 분량을 많이 확보하려고 해요. 상황에 따라 계획했던 분량을 채우지 못할 때도 많지만 한 번에 4회분 정도는 찍으려고 노력하죠. 촬영이 없는 날은 서울에서 일정을 소화할 때가 많은데요. 저희가 부산에 있다 보니까 다른 지역에서 스케줄이 잡히면 팀으로 함께 움직여요. 거의 여행을 다니는 느낌이죠.

Question

크리에이터라는 직업의 매력은 무엇이라고 생각하시나요?

시간을 자유롭게 쓸 수 있다는 게 좋아요. 에그박사는 직장 생활을 하다가 크리에이터를 하게 된 케이스인데요. 만족감을 느끼면서 일을 하니까 스트레스가 별로 없어요. 늦게까지 일하더라도 즐기면서 할 수 있으니 회사에서 받던 업무 스트레스를 받지 않아요. 좋아하는 걸 직업으로 삼으니 즐길 수 있는 거죠.

그런데 1인 체제로 콘텐츠를 제작하는 분들은 스트레스를 조금 받는다고 하시더라고요. 혼자 기획하고 촬영, 편집, 업로드, 홍보까지 꾸준히 해야만 하니까 아무래도 업무량이 많을 수밖에 없죠. 그러다 보면 지칠 때가 생긴다고 하시는데, 그런 면에서 저희는 팀이라 다행인 것 같습니다. 두 명도 아니고 세 명이라, 누군가 지치면 다른 두 명이 끌어주게 돼요.

대중적인 콘텐츠랄까요? 타깃 시청자를 세부적으로 설정하고 그분들이 좋아하는 콘텐츠를 만들어야겠죠. 에그박사 채널도 처음 기획 단계부터 '키즈'를 타깃으로 잡고 포맷을 구상했어요. 구독자와 시청자에 대한 고민 없이 단순히 제작자가 하고 싶은 것만 만들면 잘 안 풀리는 것 같아요. 저희도 '우리가 재밌어서 올리는 영상'은 조회수가 잘 나오지 않아요. 일례로 제주도에서 야생 돌고래 탐사를 한 적이 있어요. 찍으면서 정말 재밌다고 느꼈고, 준비도 열심히 해서 영상을 만들었는데 정작 많은 분들이 시청하지는 않았더라고요. 그래서 청소년들이나 어린 친구들이 콘텐츠를 제작하고 싶다고 하면, 생각은 간단하게 하고 쉽게 찍을 수 있는 콘텐츠를 만들어보라고 말해주는 편이에요.

Question   **크리에이터가 아니었다면 무얼 하고 있었을까요?**

에그박사) 창업을 많이 했었어요. 흔히들 말하는 청년 창업가였죠. 회사 생활을 할 때는 기획·마케팅 업계에 있었는데 제가 좋아하는 분야였어요. 대학생 때는 웅박사와 둘이서 영상 공모전을 자주 출품했는데 1년에 상을 10개 넘게 타오곤 했죠. 지금은 크리에이터라는 직업을 갖게 됐는데 천직 같아요. 기획과 마케팅을 좋아하는 저의 성향이 반영됐다고 봐요.

웅박사) 저는 사진을 찍고 있지 않았을까 싶어요. 지금도 웨딩 사진이나 스튜디오 사진 같은 상업 사진을 찍고 있는데요. 크리에이터를 하지 않았다면 더 열심히 사진을 찍고 사진 강의도 하면서 지냈을 것 같습니다. 원래는 작품성이 있는 사진을 찍다가 크리에이터를 하게 된 건데, 앞으로 '곤충'을 주제로 작품 사진을 찍고 싶어요.

Question 제작 영감은 어디서 얻나요?

어릴 때 재밌게 채집했던 곤충들에 대한 기억을 많이 되살리고 있습니다. 지금 저희가 촬영하는 장소가 대부분 어릴 때 놀던 곳이에요. 그러다 보니 다른 분들보다 많은 정보를 갖고 있죠. 어떤 지역에 가면 어떤 곤충이 나오는지, 몸소 한 체험을 통해 이미 알고 있으니까요. 아이템 회의를 할 때는 세 명이 생각나는 대로 아이템을 던져요. 그러다 보면 아이디어가 모여서 더 괜찮은 아이디어로 다듬어지죠. 그런 점이 혼자 제작하는 분들보다는 낫다고 생각해요. 장수풍뎅이라는 소재 하나만 가지고도 최소한 3가지 주제가 나오고, 브레인스토밍을 하는 과정을 거쳐 정말 많은 구성 내용을 떠올릴 수 있으니까요.

그리고 유튜브와 SNS에서도 많은 영감을 얻어요. 다음에 다룰 소재에 대한 아이디어를 얻기도 하고 저희가 몰랐던 장소에 대한 정보도 얻을 수 있죠. 또, 처음 채널을 기획할 때는 '캐리와 장난감 친구들'을 인상 깊게 봤어요. 키즈 콘텐츠 시장에서 장난감 포맷이 한창 인기를 끌 때였는데, 이 포맷에 교육적 요소를 접목해 보자는 생각을 했고 동물 중에서도 특히 곤충을 통해 저희가 전달하고자 하는 내용을 풀어내려고 했죠.

아이들을 위한 콘텐츠 크리에이터

▶ 친구들끼리 시작한 유튜브가 누군가의 꿈이 될 수 있다는 사실에 행복하고 뿌듯해요.

▶ 설가타육지거북 편 촬영 직전에 한 컷

▶ 여름에 계곡에서 촬영을 마친 후 즐기는 라면

Question 첫 콘텐츠를 만들었을 때, 초기 제작 당시
시행착오가 있었나요?

에그박사) 제작 초반에는 안경을 끼지 않았는데, 촬영한 화면을 보니까 저의 시선이 흐리멍덩하더라고요. 말투도 진행을 하기 싫은 건가 싶을 정도로 축 처져있었고 발음도 정확하지 않았어요. 촬영을 마치고 편집을 하면서 쓸 만한 것이 없어 오디오나 영상 편집본을 날려버린 날도 많았어요. 하면서 점차 개선된 거죠. 처음에 시행착오는 당연히 겪는 과정이고, 그 과정에서 보이는 문제점을 잘 개선하면서 극복해가야 돼요.

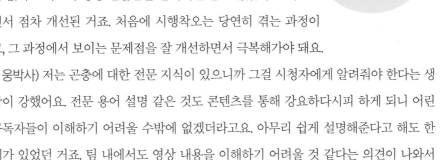

웅박사) 저는 곤충에 대한 전문 지식이 있으니까 그걸 시청자에게 알려줘야 한다는 생각이 강했어요. 전문 용어 설명 같은 것도 콘텐츠를 통해 강요하다시피 하게 되니 어린 구독자들이 이해하기 어려울 수밖에 없겠더라고요. 아무리 쉽게 설명해준다고 해도 한계가 있었던 거죠. 팀 내에서도 영상 내용을 이해하기 어려울 것 같다는 의견이 나와서 좀 더 쉽고 친숙하게 만들어보기도 했어요. 또 개인적으로 나비를 정말 좋아하는데요. 어린이들이 나비 영상은 잘 보지 않더라고요. 나비는 싸우지도 않고 약한 곤충이라 그런 게 아닐까 생각하고 있는데, 이렇게 초기에는 시청자가 관심을 가질 만한 소재를 찾는 것에도 시행착오를 겪었죠.

Question 이 길을 선택한 걸 후회한 적은 없나요?
크리에이터로서 가장 큰 고민은 무엇인가요?

후회는 없지만 고민은 분명 있죠. 진로 특강을 갈 때마다 이야기하는 부분인데요. 크리에이터도 직업이다 보니까 소득에 대한 고민을 하게 돼요. 크리에이터는 소득이 고정적으로 정해진 직업이 아니라 나름 성수기, 비수기가 있어요. 에그박사 채널도 날이 추워지면 시청자들이 잘 보지 않으세요. 봄이 되고 날이 풀리면 많이 봐주시죠. 크리에이터는 수익이 들쑥날쑥하다는 걸 감안해야 해요. 소득이 월 얼마로 정해져 있으면 경제관념이 잡히는데 그걸 예측할 수 없으니까 계속 다른 수익 모델을 구상하게 됩니다. 저희도 얼마 전에 캐릭터 인형을 처음 만들었죠. 사업적으로 어떻게 하면 채널을 잘 키울 수 있을까, 어떻게 하면 안정적인 수익구조를 만들 수 있을까를 많이 고민하고 있습니다.

Question 크리에이터가 조심해야 할 게 있다면 무엇일까요?

조회수가 높아지고 채널이 커지면서 동영상 콘텐츠의 파급력이 크다는 걸 체감하고 있어요. 그래서 키즈 크리에이터로서 콘텐츠에 대한 책임감을 새삼 느끼고 있습니다. 저희 채널은 어린 친구들이 보고 듣고 소통하는 곳이에요. 댓글에 답글을 적을 때도 은어나 비속어는 당연히 안 쓰고요. 'ㅋㅋㅋ'도 잘 쓰지 않습니다. 대신 공식적이고 존중하는 표현을 사용하죠. 그런데 진행 중에 어쩌다 한 번씩 문제될 수 있는 표현이 나오기도 해요. 그럴 때는 다른 친구들이 촬영 현장에서 바로잡아주죠. 앞으로도 건전하게 소통하면서 자극적이지 않은 콘텐츠를 꾸준히 만들려고 합니다.

에그박사가 사용하는 장비는 무엇인가요?

　지금은 캠코더와 조명을 사용하고 있습니다. 실내에서 촬영할 때는 카메라 2대와 조명 한 세트를 사용하고, 야외에서는 캠코더 1대만 들고 찍죠. 처음에는 DSLR을 사용했는데, 화질은 좋았지만 저희가 찍는 곤충들이 너무 작다보니 화면이 많이 흔들리는 경향이 있어서 캠코더로 바꿨어요. 크리에이터를 시작하려는 분들은 요즘 스마트폰이 워낙 훌륭하게 나오니까 스마트폰을 사용하고, 여유가 되면 오디오나 조명을 추가해도 좋아요. 촬영 때는 팀원이 3명이라 에그박사는 진행을 하고, 한 명이 카메라를 들면 다른 한 명은 감독 역할을 해요. 촬영하다보면 내용을 제대로 신경 쓰지 못할 때가 많아서 감독 역할을 하는 한 명이 촬영 방향을 잡아줄 필요가 있어요.

Question **시청자, 팬덤 관리는 어떻게 하시나요?**

　초기에는 댓글에 답글을 99% 다 달았어요. 지금은 구독자 수가 많이 늘어서 답글을 모두 달아드리기는 어렵지만 최대한 시간을 내서 달고 있죠. 오프라인 활동은 아직 시작하지 않았고, 얼마 전에 팬미팅을 한번 했어요. 유튜브 커뮤니티 기능을 활용해서 행사 공지를 드리고 메신저 계정을 열어 SNS로 쓰고 있습니다.

Question 크리에이터로 활동하며 뿌듯했던 에피소드가 있었나요?

2019년 5월 11일에 처음으로 팬미팅을 했어요. 오프라인에서 단체로 팬들을 만난 것은 처음이었죠. 그 밖에는 팬분들과 따로 만날 기회가 없었으니 종종 SNS에서 해시태그 검색을 해봐요. '#에그박사' 같은 거죠. 그렇게 해서 팬들이 올려주신 좋은 글, 응원하는 글을 볼 때면 기분이 좋아요. 가끔 시청자의 부모님들이 메일을 보내주시기도 하는데요. 자녀가 집에만 있는 '집순이'였는데 저희 영상을 보고는 부모님께 같이 나가서 곤충을 잡자고 했다고 해요. 그 메일을 받고 정말 뿌듯했어요. '우리 아이의 꿈이 에그박사래요'라는 말을 들을 때면 저희는 그저 친구들끼리 유튜브를 할 뿐인데 누군가에게는 꿈이 될 수 있다는 사실에 행복하고 뿌듯하죠. 한편으로는 책임감도 더 느끼게 되고요.

Question 크리에이터가 아닌 에그박사 여러분은 어떤 사람인가요?

에그박사) 아이들과 노는 걸 좋아해요. 왜 그런지는 모르겠는데 어린 친구들이 저를 참 좋아하더라고요. 대학생 때 보육 시설 봉사 활동도 많이 했죠. 주변에서는 '아이들과 정신연령이 비슷해서 그렇다'라고 농담을 하는데, 그만큼 아이들이 저를 많이 좋아해줘요. 지금 하는 일도 키즈 크리에이터라 어린이들을 싫어한다면 아마 일을 하지 못할 것 같아요.

웅박사) '덕업일치'라고 하죠? 저는 지금 하고 있는 일이 모두 제가 좋아하는 것들이에요. 곤충도 그렇고, 사진도 그렇죠. 사진은 곤충을 좋아하니까 관찰 기록용으로 중학생 때 카메라를 사서 찍기 시작했던 건데요. 20대 초반에 나비 사진을 찍어서 '나비 도감'을 내기까지 했거든요. 사진을 오래 찍으니 카메라가 익숙해져서 곤충 외에 사람도 찍고 풍경도 찍게 됐고, 영상 촬영도 하게 됐죠.

불규칙한 생활 속에서 시간관리, 건강관리를 하는 노하우가 있다면요?

이상한 직업병이 생겼는데요. 특히 초반에는 촬영을 하고 나서 피부 트러블이 심하게 일어났어요. 원래는 피부가 좋았는데 조명 앞에서 촬영을 해야 하니까 메이크업을 받잖아요. 그런데 촬영을 마친 후 메이크업을 제대로 지우는 방법을 몰랐던 거예요. 지금은 잘 관리하고 있지만 그때는 화장을 어떻게 지워야 하는지 전혀 몰랐어요. 그 외에는 일반 직장인에 비하면 개인적으로 쉴 수 있는 시간이 많아서 축구나 운동을 하면서 건강을 관리하고 있습니다.

Question **꼭 만들어보고 싶은 콘텐츠가 있다면 무엇인가요?**

웅박사) 아직 시작 단계지만 팀을 꾸려서 '찍다TV'라는 사진 유튜브 채널을 열었어요. 사진이라는 문화를 예능 보듯이 재밌게 풀어나가는 콘텐츠를 만들고 있는데요. 에그박사 채널도 잘 운영하면서 제가 좋아하는 사진에 관한 영상도 본격적으로 제작해보고 싶어요.

에그박사) 저희 채널에서 더 큰 동물들을 다뤄보고 싶어요. 채널의 취지가 동물을 실제로 생생하게 보여주는 거라, 초원이 펼쳐진 아프리카나 '야생의 보고' 갈라파고스 섬에 가보면 좋겠습니다. 야생에 살고 있는 코끼리, 사자를 시청자들에게 직접 보여주는 거죠. 바닷속에 들어가서 거대한 고래상어나 만타, 바다거북을 보여주고도 싶고요.

이전에 인도네시아에서 촬영을 한 번 했었는데요. 처음에는 가벼운 마음으로 촬영하려고 했는데 막상 가니까 욕심이 생기더라고요. 저희가 보고 싶었던 코카서스 장수풍뎅이부터 나뭇잎벌레, 타란튤라, 전갈까지 여러 곤충을 보니 더 재밌어진 거죠. 그래서 아침을 먹고 오전 10시쯤 숙소를 떠나 밤 11시에 촬영을 마치고 돌아오기도 했어요. 힘들었지만 어린이들이 쉽게 볼 수 없는 곤충의 생생한 모습을 보여줄 수 있었어요. 다양한 동물을 현지에서 촬영할 수 있는 기회를 또 만들어보고 싶어요.

'나만의' 콘텐츠를 만들자

▶ 세계의 곤충 특집 편 촬영을 위해 찾은 일본에서

▶ 장난감 키즈 콘텐츠 준비 중

▶ 왕사슴벌레와 촬영을 준비하는 에그박사 팀

Question 좋은 크리에이터란 어떤 사람일까요?

영양가 있는 콘텐츠를 만드는 사람이라고 생각해요. 아마 많은 분들이 같은 생각을 할 거예요. 조회수와 돈에 욕심을 내다보면 자극적인 콘텐츠를 만들게 되는데, 자극적이면 사람들이 많이 보긴 하지만 악영향도 뚜렷해요. 개인적인 욕심을 많이 부리지 않으면서 본인이 만드는 콘텐츠의 파급력을 잘 생각하는 크리에이터가 좋은 크리에이터라고 생각합니다. 실제로도 좋은 방향을 잡고 파급 효과를 내는 분들이 좋은 크리에이터로서 오래 활동하고 있으니까요.

Question 크리에이터로서 차별성을 키우기 위해 어떤 노력을 하셨나요?

방송에 편성될 수 있도록 포맷을 정확하게 구성한 것? 처음부터 '이 콘텐츠를 어떻게 만들면 방송에 나올 수 있을까?'라는 고민을 많이 했어요. 흔들리지 않게 삼각대를 써서 정확하게 찍고 TV 방송 포맷과 비슷하게 제작했죠. 그래서 2018년 11월부터 키즈 전문 방송채널 '니켈로디언TV'에서 저희 채널명을 그대로 사용한 <에그박사>라는 프로그램을 진행하고 있습니다. 저희 예상보다 빠르게 편성된 것 같아요.

 남들과 다른 아이템을 기획하려고 한 것도 차별성인 것 같은데요. 한때 거의 모든 키즈 크리에이터들이 '장난감'을 다루던 시기가 있었어요. 하지만 저희는 생물을 전공한 웅박사가 있으니까 저희만의 차별성을 드러내기 위해 '키즈'에 '곤충'을 접목시켰죠. 저희가 시작할 때만 해도 유튜브에 곤충을 소재로 콘텐츠를 만드는 분들은 거의 없었어요. 지금은 에그박사가 어린이들에게 자연, 생물을 실사로 보여주는 채널로 잘 자리매김한 것 같아요.

크리에이터 열풍은 일시적이라는 관점에 대한

견해는 어떠신가요?

언젠가 플랫폼이 바뀌더라도 당장 유튜브가 없어지지는 않을 것 같습니다. '앞으로 어떤 직업이 없어질 것이다'라는 말을 많이 하는데 사실은 굉장히 먼 이야기잖아요? 변화는 올 수 있지만 크리에이터나 유튜브가 없어지는 건 어렵지 않겠나 싶어요. 또 일시적인 유행이라도 '콘텐츠'만 좋으면 괜찮을 거라는 생각도 있죠. 크리에이터는 경쟁 상대를 줄일 수 있는 '나만의' 콘텐츠를 만드는 게 관건이에요. 사소한 차이일지라도 다른 사람들과 다른 나만의 콘텐츠를 만들면 경쟁력은 항상 가질 수 있는 거니까요.

Question

창작 환경이 빠르게 변하고 있습니다.

그 속에서 크리에이터는 어떻게 변화해야 할까요?

많은 크리에이터가 유행하고 있는 소재를 한 번쯤 영상으로 다루는데, 그런 노력도 필요해요. 단, 유행이라는 흐름을 따르되 자기 채널만의 고유한 정체성은 가지고 있어야 하죠. 저희도 다양한 콘텐츠를 만들지만 '자연생물'이라는 주제는 놓치지 않아요. 만약 유튜브가 지고 다시 블로그 시대가 오더라도 에그박사는 자연생물에 관한 콘텐츠를 만들고 있을 거예요.

크리에이터를 시작하려는 청소년들이
어떤 준비를 하는 게 좋을까요?

에그박사) 크리에이터를 궁금해 하는 친구들이 정말 많아요. 저도 진로 특강 자리에 나가면 '크리에이터가 되고 싶은 친구', '영상을 만들어 본 친구'가 있는지 물어보는데요. 찍고 싶은 게 있으면 일단 찍고 올려보라고 말해줘요. 일단 시작하고 영상을 꾸준히 만들어 올리면서 변화하고 개선해나가면 돼요. 누가 볼까봐 걱정이라는 친구들도 있는데 초반에는 직접 찾아보지 않으면 거의 못 봐요. 너무 겁먹을 필요는 없을 것 같습니다.

미성년자가 부모님의 동의를 받지 않고 수익을 낼 수 있는 게 크리에이터예요. 어릴 때, 청소년기에 다양한 경험을 쌓기도 좋고, 이걸 기반으로 더 좋은 미래를 만들어나갈 수 있죠. 그래서 일단 도전해보라는 말씀을 많이 드리는 거고요. 꾸준히 하려면 좋아하는 걸 먼저 찾은 후에 시작하는 것이 더 좋긴 하겠죠. 크리에이터는 자기가 좋아하는 걸 했을 때 돈을 벌 수 있다는 점이 좋아요. 그리고 그게 크리에이터의 매력이죠.

웅박사) 완벽주의자들이 잘 못하는 것 같아요. 너무 깊이 생각하지 말고 찍고 싶은 건 바로 찍고 편집해서 올려보세요. 부족한 건 하나하나 잡아가면 돼요. 편집 프로그램은 뭘 쓰는지 많이 물어보는데, 카메라를 다 갖추고 전문 프로그램을 설치해야만 좋은 콘텐츠가 나오는 건 아니에요.

Question 앞으로의 계획은 무엇인가요?

생물을 주제로 글로벌 채널을 운영해보고 싶어요. 비즈니스 모델도 확장시키고 싶고 요. 채널이 잘 구축돼있다고 해서 다른 사업으로 연결하는 것이 쉬운 건 아니라고 하더 라고요. 최근에는 에그박사 캐릭터로 굿즈를 만들었고, 또 초등학생을 대상으로 한 교육 서적도 쓰고 있어요. 늦어도 2020년경에는 다양한 사업을 만들어 나갈 계획이에요.

Question 크리에이터를 꿈꾸는 청소년들에게 한마디 해주신다면요?

'꿈을 꾼다'라는 표현이 거창하게 느껴지기도 해요. 크리에이터가 꿈을 꿀 정도로 높 은 곳에 있는 직업은 아니에요. 여러분 또래 중에도 크리에이터가 있고, 유튜브 말고도 트위치나 네이버TV에 영상을 올리거나 페이스북, 인스타그램에 사진을 올릴 수도 있 죠. 좋아하는 것을 주기적으로 플랫폼에 올리면 직업이 될 수 있어요. 실력만 있다면 가 장 많이 열려있는 시장인 것 같기도 한 게, 다른 직업은 시험이나 면접도 봐야 하는데 크 리에이터는 그런 게 없어요. 그래서 두려워할 필요도, 어렵게 생각할 필요도 없을 것 같 습니다.

크리에이터에게
청소년들이 묻다

청소년들이 크리에이터에게
직접 물어보는 12가지 질문

"웹무비는 어떻게 만들게 됐나요?"

한국판 디즈니 영화를 만들고 싶었던 게 시작이었어요. 제가 어릴 때 디즈니 애니메이션 영화를 정말 좋아했거든요. 그리고 새로운 걸 만들어보고 싶었죠. '뷰티'와 '영화'를 접목해서, 현대를 배경으로 디즈니 프린세스 5명의 이야기를 풀어냈어요. 영화 속 이야기를 자연스럽게 메이크업 튜토리얼 영상으로 연결했고, 공주들이 입은 한복을 직접 제작하기도 했죠. 〈Fairy tale in Life〉는 유튜브를 통해 온·오프라인을 연결하고 시청자와 제작자의 경계를 무너뜨린 작업이면서, 동시에 영화진흥위원회로부터 영화 인정을 받은 제 감독 데뷔작이기도 합니다.

"편집 프로그램을 만들고 있는 이유는 뭔가요?"

어릴 때부터 '영상은 언어다'라는 생각을 갖고 있었습니다. 그리고 오늘날 사람들은 유튜브를 비롯한 다양한 플랫폼에서 영상을 만들고 시청하며 소통하고 있죠. 크리에이터가 인기를 끌면서 우리 시대에 영상은 소통의 핵심 요소가 됐습니다. 그런데 시중에 판매되는 영상 편집 프로그램은 초보자들이 다루기에 전문성이 높거나 비싸다는 한계가 있어요. 영상으로 소통하는 세상인 만큼 진입 장벽을 낮추고 기초를 탄탄하게 다질 수 있는 프로그램이 있으면 좋겠다고 생각했고, '영상을 만들며 얻을 수 있는 경험'을 많은 분들께 선사해 드리기 위해 현재 프로그램을 개발 중이고 출시를 앞두고 있습니다.

"유튜브를 안했다면 지금 뭘 하고 있었을까요?"

아무래도 아직 학생이라 공부를 좀 더 열심히 했을 것 같아요. 취미나 특기를 살려 초등학생 때 좋아한 보드게임 선수가 되거나, 게임 프로그래밍을 열심히 연구하고 있지 않았을까 싶습니다. 그리고 지금 취미인 축구 같은 스포츠 활동에 시간을 더 쓰고 있지 않을까요?

"마이린의 자녀가 유튜브를 하고 싶어 한다면
도와줄 건가요?"

유튜브 크리에이터 활동을 하면서 가장 좋았던 것은 디지털 활동을 통해 새로운 인간관계가 생기고, 새로운 경험을 할 수 있다는 점입니다. 정말 많은 걸 날마다 배우고 있고 또 성장하고 있어요. 유튜브 크리에이터 활동이 최종적인 직업에 이르지 않더라도 크리에이터를 하는 과정에서 많은 것을 경험하고 성장할 수 있다면 그만한 시간 활용은 없지 않을까 싶어요. 자녀가 유튜브를 한다면 당연히 도와야죠.

"디지털 플랫폼인 유튜브에서
책을 다루는 것의 매력은 무엇일까요?"

유튜브를 즐겨보는, 책과는 거리가 멀 확률이 높은 사람들에게 독서의 즐거움을 말하는 것입니다. 그리고 책을 많이 읽지만 이야기를 나눌 사람이나 기회가 많지 않은 사람들이 모여 함께 책 이야기를 나눌 수 있다는 점도 매력적입니다.

"시간이 없어서 책을 못 읽는 분들에게
추천하는 독서법은 무엇인가요?"

개인적으로 '시간이 없어서 책을 못 읽는다'라는 말은 믿지 않아요. 그보다 체력이 부족해서 책을 못 읽는 분들이 많을 거라고 생각합니다. 직장인이든, 학생이든 일과를 마무리하고 돌아오는 길은 정말 힘들잖아요? 그래도 책을 읽고 싶다면 책을 가방에 넣어 가지고 다니면 안 돼요. 그보다는 책을 손에 들어 스마트폰의 자리를 뺏으면 잠깐씩이라도 읽을 수 있어요. 이때 독서량이 생각보다 많아요. 그래서 저는 책을 손에 들고 다니는 방법을 추천합니다.

"교육적으로 봤을 때 유튜브의 매력은 무엇인가요?"

유튜브는 굉장히 접근성이 좋은 미디어 플랫폼이기 때문에, 언제 어디서든 디바이스만 있다면 시공간을 뛰어 넘어 원하는 정보를 쉽게 검색할 수 있습니다. 또 즉각적으로 콘텐츠를 시청할 수 있는 것도 장점이죠. 제품 사용법이나 실험, 리뷰 영상을 통해 궁금증을 해소하기도 하고, 영어, 과학, 정치, 법률, 경제 등 다양한 정보를 얻을 수 있어요. 책이나 글과는 달리 경험과 노하우를 가진 인물이 영상에 나와서 친근하게 설명해 주는 채널들도 많고, 댓글로 서로 질문하며 소통할 수도 있습니다. 그래픽이나 시청각 자료로도 활용할 수 있어서 교육적 활용도가 뛰어난 매체라고 생각해요.

"목 관리는 어떻게 하시나요?"

저는 성대가 약해서 목 관리를 중요하게 생각해요. 초반에는 높은 톤으로 다양한 목소리 연기를 구사하다보니 성대결절이 왔어요. 그래서 음성치료를 통해 목에 무리가 가지 않는 발성법을 배우기도 했고, 일상에서는 목에 힘을 빼고 차분한 톤으로 말하려고 노력합니다. 레몬차나 유자청 같은 산성식품은 오히려 위산이 역류해 목에 안 좋을 수 있다고 해서 프로폴리스나 도라지 즙 같은 식품을 챙겨먹고, 촬영할 때는 물과 이온음료를 충분히 마시면서 관리하고 있어요.

"가장 애착이 가는 영상 3개는 무엇인가요?"

'루돌프 사슴코 밴드버전', 'POP/STARS' 드럼 커버와 '서울 지하철 환승역 BGM' 연주 영상입니다. '루돌프 사슴코'는 기타리스트들이 크리스마스 캐롤을 연주한 앨범에 수록된 곡인데 개인적으로 매우 좋아하는 앨범이라 연주하면서 즐거웠고요. K/DA의 'POP/STARS'도 곡이 나왔을 때부터 신선하다고 느꼈고, 빈틈없이 잘 만들어져서 즐겁게 연주했습니다. 그리고 '서울 지하철 환승역 BGM'은 드럼으로 인트로를 만든 다음 연주를 시작해 본 영상인데, 인상 깊게 남아있습니다.

"유튜브에 영상을 올릴 때 주변의 반응은 어땠나요?"

부기드럼 채널에 영상을 올릴 때 주변 분들이 크게 두 가지 반응을 보여주셨습니다. "생각 잘했다, 파이팅!"이라며 응원해주신 분들이 있었고, "그런 걸 해서 뭐하냐"라고 말했던 분들도 있었는데요. 이제 후자는 거의 사라진 것 같아요. 저를 응원해주고, 잘 보고 있다는 긍정적인 반응을 보내주시는 분들이 대부분입니다.

"달리기 대결 콘텐츠 촬영 때 재밌는 에피소드가 있었나요?"

아무래도 동물들은 제어하기 힘들기 때문에 예상치 못한 행동을 하는 경우가 많아요. 레일을 이탈한다든지 결승점 앞에서 갑자기 거꾸로 돌아가는 동물들이 있습니다. 하지만 그렇다고 해서 저희가 원하는 결과를 억지로 만들려고 하지는 않아요. 그냥 있는 그대로를 보여드리고 있죠. 그게 어쩌면 동물의 뜻(?)이고, 보는 입장에서 더 재밌게 다가오기 때문인 것 같아요.

"영상에 나오는 동물 중
반려동물로 삼고 싶은 친구가 있다면요?"

대부분 같이 살고 싶은 마음이 커요. 그래도 한 종류만 선택해야 한다면 사막여우를 반려동물로 삼고 싶어요. 물론 우리나라에서는 개인 사육이 불법인 동물이라 실제로 키울 수는 없겠지만, 어릴 때 《어린왕자》 책에서 그림으로 보면서 상상했던 사막여우보다 실물이 훨씬 귀엽고 깜찍해서 특히 기억에 남는 것 같습니다. 실제로 보는 사막여우는 정말 귀엽거든요.

CHAPTER

| 3 |

예비
유튜브 크리에이터
아카데미

크리에이터의 다양한 영역

유튜브 크리에이터는 1인 제작을 기본으로 합니다. 혼자 모든 기획과 제작, 유통을 담당하고 수익을 가져가는 1인 크리에이터는 매력적인 직업으로 주목받고 있습니다. 하지만 1인 미디어나 1인 크리에이터만이 유튜브 크리에이터의 전부는 아닙니다. 팀 단위로 운영 중인 채널도 쉽게 찾아볼 수 있고, 전업과 겸업으로 크리에이터를 구분할 수도 있습니다.

개인 창작자들만 유튜브에 영상을 올리는 것도 아닙니다. 동영상 플랫폼은 웹드라마가 성장하는 토대가 됐고, 지상파 방송·신문사·연예기획사·기업도 빠르게 유튜브에 진출하고 있습니다. 여기서는 '1인 미디어'를 조금 더 자세히 구분해보고, 1인 미디어를 넘어 뉴미디어 영상 콘텐츠를 제작하는 다양한 창작자들을 만나보도록 하겠습니다.

전업 크리에이터와 겸업 크리에이터

전업 크리에이터는 콘텐츠 창작 활동만으로 생계를 꾸려가는 크리에이터입니다. 이들은 유튜브 광고료와 외부 광고 유치, 협찬, 강연, 상품 제작 및 판매 등으로 수익을 얻습니다. 인기 있는 전업 크리에이터는 인플루언서로 성장하기도 합니다. 그러나 전업 크리에이터일수록 모든 수입을 유튜브 광고 수익

에 기대겠다는 발상은 위험할 수 있습니다. 언젠가는 유튜브가 쇠퇴할 수 있고, 인플루언서에게 악영향을 주는 사건이 발생하면 광고가 중단되는 등 수익성이 급감할 수도 있기 때문입니다. 전업 크리에이터는 프리랜서이자 개인사업자로서 개인 브랜드의 정체성과 비전을 설계하는 것이 무엇보다 중요합니다. 동시에 플랫폼 의존도를 줄이기 위해 다양한 수익 모델을 적극적으로 고민해야 합니다.

부업이나 취미, 또는 자신이 기존에 가지고 있는 브랜드(전문성) 홍보를 위해 유튜브를 시작하는 유형은 겸업 크리에이터에 속한다고 할 수 있습니다. 전업 크리에이터에 비해 수익과 생계에 대한 부담은 적은 편이나 시간 관리를 철저히 해야 하며, 유튜브로 수익을 거두고자 한다면 겸업이라도 수익 모델 다각화는 필요합니다. 일부 크리에이터는 채널을 키운 뒤 전업으로 전환하기도 하며, 유명 크리에이터 중에도 이런 케이스를 쉽게 찾아볼 수 있습니다.

1인 크리에이터 vs. 팀 크리에이터

'1인 미디어'의 장점은 개인이 전통적인 방송 제작 시스템에서 탈피해 자유롭게 콘텐츠를 만들 수 있다는 점입니다. 자신만의 콘텐츠를 처음부터 끝까지 직접 제작하는 과정을 통해 콘텐츠 제작자로서의 역량도 키울 수 있습니다. 그러나 구독자가 쌓여 채널이 성장하게 되면 외부 광고나 강연 요청이 들어오기 때문에 1인 제작을 유지하기 어려워집니다. 그래서 규모가 커진 크리에이터들은 편집자를 두거나 법인을 설립해 효율적으로 제작할 수 있는 환경을 만들어갑니다.

1인 크리에이터가 성장해 팀 크리에이터가 되기도 하지만 '에그박사'나 '수상한녀석들', '비슷해보이즈'처럼 팀으로 시작하는 크리에이터도 많습니다. 에그박사 채널 제작진은 진행력이 우수한 멤버와 곤충에 대한 전문 지식을 보유한 멤버, 촬영과 편집 실무 경험이 많은 멤버로 구성돼 있습니다. '몰래카메라' 콘텐츠를 주로 제작하는 수상한녀석들, 비슷해보이즈 채널은 숨어서 촬영할 사람과 카메라 앞에서 연기할 사람으로 구성원의 역할이 구분될 수밖에 없습니다. 세 채널 모두 구성원들의 관심사나 특기를 살려 시너지를 내고 있는 크리에이터 팀입니다.

모바일 콘텐츠 스튜디오(뉴미디어 스튜디오)

'모바일 콘텐츠 스튜디오'는 명확한 용어로 정의된 개념은 아니며, 그 범위도 상당히 넓습니다. 포털, 미디어, IT기업 등이 설립한 뉴미디어 콘텐츠 제작사가 여기에 해당되는데요. 여기서는 법인 소속이거나 별도 법인을 설립해 뉴미디어 영상 콘텐츠를 제작하는 회사를 다루도록 하며, 미디어 스타트업도 포함합니다. 다만 기존 신문·방송사가 뉴스나 정보 제공 관점에서 론칭한 브랜드는 다음의 전통 미디어의 뉴미디어 브랜드 사례에서 다루기로 하겠습니다.

1) 웹드라마 - 플레이리스트, 와이낫 미디어 등

모바일 기기의 발달은 드라마의 영역을 TV에서 스마트폰으로 옮겨놨습니다. 웹드라마는 1시간 이상 이어지는 기존 드라마와 다르게 1회 당 5~20분 정도의 짧은 에피소드 위주로 제작됩니다. 2010년대 중반부터 포털과 지상파 방송 등이 제작에 적극적으로 뛰어들기 시작했고 유튜브와 네이버TV, V라이브 같은 플랫폼이 발달하면서 해외 시청자들도 한국 웹드라마를 쉽게 접할 수 있게 됐습니다.

◆ ① 플레이리스트

네이버의 자회사로 2017년 5월 23일에 정식 설립을 마친 한국을 대표하는 웹드라마 제작사 중 하나입니다. 대표작으로 <연애플레이리스트>, <열일곱>, <에이틴> 등이 있으며 유튜브 채널 구독자 수는 약 220만 명입니다. 플레이리스트는 예능 브랜드인 '잼플레이리스트', 음악 채널인 '뮤플리'를 오픈해 콘텐츠 영역을 확장하고 있습니다.

◆ ② 와이낫 미디어

웹드라마 최초로 1억 뷰를 돌파한 <전지적 짝사랑 시점>의 제작사로 유명한 국내 웹드라마 업계 선두주자입니다. <오피스워치>, <#좋맛탱> 등 3년 동안 50개가 넘는 시리즈를 제작했고, 네이버 V라이브, tvN 등 포털, 방송 플랫폼와 협업을 이어나가고 있습니다. 와이낫 미디어는 구독자 약 90만 명의 유튜브 채널 '콕TV'를 운영하고 있으며, 중국 텐센트에도 콘텐츠를 유통하고 있습니다.

2) 웹 예능 - SBS 모비딕, 스튜디오 룰루랄라 등

웹드라마가 드라마의 새로운 가능성을 보여준 것처럼 예능 콘텐츠도 모바일에서 두각을 나타내고 있습니다. 지상파와 케이블, 종합편성채널 등 방송국의 서브 브랜드가 많으며, 웹 예능 외에도 스낵 콘텐츠, 제품 리뷰, 웹드라마 등 다양한 장르의 모바일 콘텐츠를 제작하는 곳이 많습니다. 대표적인 제작사로 SBS의 〈모비딕〉, JTBC 〈스튜디오 룰루랄라〉를 들 수 있습니다.

◆ ① SBS 모비딕

SBS의 모바일 콘텐츠 제작소로 지난 2016년 6월에 설립됐습니다. 킬러콘텐츠인 '숏터뷰'는 웹예능 최초로 백상예술대상을 수상했고 '예살그살', '복붙쇼', '99초 리뷰', '맛탐정 유난' 등 18세부터 34세 사이 대중이 좋아하는 시리즈를 제작해오고 있습니다. 유튜브 기준 전체 조회수 1억 뷰를 넘어섰으며, 웹드라마, 뷰티/패션, 라이프스타일, 아이돌 팬덤 채널을 별도로 운영하고 있습니다. 2019년 6월 현재 '초이가이버', '이상준의 노타이틀', '홍디션' 등을 편성 중입니다.

◆ ② JTBC 스튜디오 룰루랄라

JTBC의 독립 디지털 스튜디오. 1세대 아이돌 그룹 god 출신 방송인 박준형의 캐릭터와 유쾌한 편집으로 주목받은 '와썹맨'의 제작사로 유명합니다. 스튜디오 룰루랄라 역시 시청자 타기팅이 용이하도록 유튜브 채널을 세분화해 운영하고 있습니다. 현재 뷰티, 뮤직, 웹드라마 채널이 별도 운영되고 있으며, 웹 예능 〈사서고생〉을 발전시켜 구독자 186만 명을 모은 '와썹맨' 역시 독립 채널로 운영되고 있습니다.

3) 글랜스TV

소비자가 온·오프라인, 모바일 등을 넘나들며 상품을 조회하거나 콘텐츠를 볼 수 있게 만든 서비스를 '옴니채널'이라고 합니다. 글랜스TV는 옴니채널 미디어를 지향하는 브랜드로, 피트니스, 여행, 라이프스타일, 엔터테인먼트 등 다양한 분야의 오리지널 콘텐츠를 제작하고 있습니다. 브랜디드 콘텐츠와 커머스, 라이브 등 제작하는 콘텐츠의 범위가 넓은 편이며, 버스와 카페에 설치된 디지털 사이니지를 통해 온라인 콘텐츠를 오프라인 환경으로 연결하는 노력도 계속하고 있습니다. 2019년부터는 MCN 사업에도 집중하고 있습니다.

4) 셀레브

사람들의 이야기, 다큐멘터리도 모바일의 흐름 속에서 새 옷을 입을 수 있습니다. 사람의 이야기를 전달하는 인터뷰 기반 크리에이터가 그들인데요. 인터뷰 및 다큐멘터리 형식으로 한 사람의 오리지널 콘텐츠를 유통하는 크리에이티브 기업 '셀레브'가 그런 곳입니다. 빠르게 변하는 콘텐츠 생태계 속에서 셀레브는 '인물'이 중심이 되는 이야기를 꾸준히 제작해오고 있습니다. 현재 셀레브 채널 외에도 뮤지션들의 이야기를 담아내는 'BIAS', 스포츠를 다루는 '스쿼드', 여성들의 이야기 '위아워어스' 채널을 운영하고 있습니다.

5) 닷페이스

2016년 10월에 설립된 미디어 스타트업 '닷페이스'는 '새로운 상식을 만드는 미디어'를 슬로건으로 내세우고 있으며, 인권, 성매매, 집단 따돌림 등 밀레니얼 세대가 마주하는 다양한 문제를 파고듭니다. 경직된 취재 시스템에서 벗어나지 못해 생생함과 깊이를 담아내지 못하는 기성 언론에 비해 닷페이스는 '성매수남을 직접 만나고', '왕따 피해자를 직접 만나' 이야기를 듣습니다. 이것이 닷페이스에 대중들이 반응하고 '넥스트 미디어'로서 주목하는 이유입니다.

이처럼 드라마, 예능, 인터뷰, 다큐멘터리, 시사 보도 프로그램 등 뉴미디어·모바일 콘텐츠 제작을 희망하는 청소년들에게 유튜브는 새로운 가능성을 부여하고 있습니다.

언론사·방송사 등 전통 미디어의 뉴미디어 브랜드 사례

한국 언론·방송사의 최대 화두는 '모바일 대응'입니다. 신문과 방송이 쉽게 사라지지는 않겠지만 대중은 더 이상 종이신문과 TV로 콘텐츠를 소비하지 않는다는 말도 과언은 아닙니다. 대중이 선택할 수 있는 대체재가 늘어났기 때문입니다. 유튜브, 페이스북 같은 소셜 플랫폼과 넷플릭스가 주도하고 있는 OTT 서비스가 확대되면서 대중은 PC, 스마트폰, 태블릿을 이용해 뉴스를 소비하고 있습니다.

유튜브에서는 방송사들이 강세를 띠고 있습니다. 소셜 플랫폼 분석 서비스 '빅풋9'에 따르면 국내 언론·방송사 유튜브 채널을 구독자 순으로 따졌을 때 YTN뉴스가 1위(약 102만 명)를 차지하고 있습니다. JTBC뉴스, 비디오머그, SBS뉴스, KBS뉴스, 딴지방송국, MBN뉴스, 채널A뉴스, 뉴스타파, TBS가 2~10위로 뒤를 따르고 있습니다.

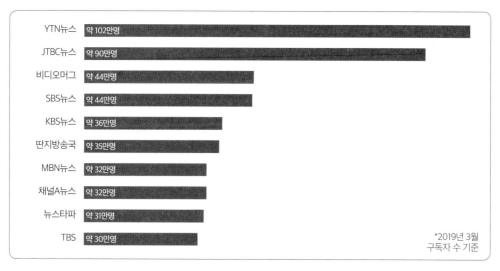

YTN뉴스	약 102만명
JTBC뉴스	약 90만명
비디오머그	약 44만명
SBS뉴스	약 44만명
KBS뉴스	약 36만명
딴지방송국	약 35만명
MBN뉴스	약 32만명
채널A뉴스	약 32만명
뉴스타파	약 31만명
TBS	약 30만명

*2019년 3월 구독자 수 기준

그러나 전통적인 전달 방식의 동영상 뉴스 전략은 뉴미디어 환경에 적합하지 않습니다. 대중이 콘텐츠를 감상한 뒤 '좋아요'를 누르고, '댓글'을 달며, 메신저에 '공유'하는 활동을 '인터랙션'이라고 부르는데, 상위 10개 언론사 유튜브 중 딴지일보, 비디오머그, 뉴스타파, tbs가 높은 인터랙션을 보여주고 있습니다. 고발뉴스, KBS 저널리즘 토크쇼 J, MBC PD수첩, 스브스뉴스, 엠빅뉴스, 한국일보 프란도 높은 인터랙션을 보이는 유튜브 채널입니다. YTN은 구독자, 조회수 모두 전체 1위였지만 콘텐츠 1개당 인터랙션은 전체 50위에 그치고 있습니다. 대중이 콘텐츠에 대한 반응을 보이면 보일수록 채널은 활성화되며 충성도 높은 팬층을 확보하고 있다고 볼 수 있습니다.

SBS의 뉴미디어 브랜드인 '스브스뉴스'는 레거시 미디어(신문·지상파·케이블 방송 등 전통 미디어)가 뉴미디어에 뛰어든 모범 사례라고 볼 수 있습니다. 카드뉴스 트렌드를 이끌며 대표적인 뉴미디어 브랜드로 인정받은 스브스뉴스는 유튜브에서도 약 35만 명의 구독자를 확보하고 있습니다. SBS는 '비디오머그'(빅풋9 기준 3위)를 론칭해 모바일 영상 콘텐츠 시장에서 순항하고 있으며, TV 뉴스 채널도 4위에 올라 유튜브에서 레거시 미디어와 뉴미디어 간 균형을 잘 맞추고 있는 언론입니다.

*빅풋9 조사결과는 2019년 1월 1일부터 3월 20일까지 데이터 기준

◆ 1) SBS '비디오머그'

SBS가 2015년 2월 9일에 론칭한 소셜 동영상 미디어 브랜드로 스브스뉴스와 함께 국내 레거시 미디어 뉴미디어 브랜드의 대표 사례로 꼽히고 있습니다. 이어폰이 없어도 쉽게 뉴스를 이해할 수 있도록 제작한 '자막뉴스'로 모바일 환경에 빠르게 안착했습니다. 비디오머그는 생생영상, 블박영상, '익스플레인' 콘텐츠인 인사이트 등 TV 뉴스보다 가볍고 흥미로운 스토리텔링을 통한 영상으로 대중에게 다가가고 있습니다.

◆ 2) 한국일보 '프란(PRAN)'

국내 신문사 중 가장 빠르게 모바일 영상 콘텐츠를 제작한 곳을 꼽으라고 하면 한국일보를 빼놓을 수 없습니다. '플레이 한국'으로 시작한 한국일보 영상 콘텐츠 제작소 '프란'은 10~30대 여성을 타깃으로 '인권, 성, 젠더 이슈' 등을 다루고 있습니다. 현재 한국일보는 더욱 다양한 이슈를 다루기 위해 20~40대 남성을 타깃으로 한 영상 브랜드 '오리지너'를 오픈했고, 한류 대중문화 유튜브 채널, 뷰티·일상 채널 등을 오픈해 자사 콘텐츠를 확대하고 있습니다.

◆ 3) CBS 노컷뉴스 '씨리얼(C-Real)'

CBS 노컷뉴스의 SNS 영상 브랜드 '씨리얼'은 국정농단, 선거제도, 개헌, 성평등 같은 어렵고 딱딱한 정치, 사회 이슈를 뉴스에 무관심한 사람도 쉽게 이해할 수 있게 설명하는 영상으로 주목받았습니다. 2016년 초 론칭한 이래 유튜브 기준 10만 구독자를 모으며 '집단 따돌림' 피해자 인터뷰 등 사회에 질문을 던지는 영상을 꾸준히 제작하고 있습니다. 또한 씨리얼 팀은 그동안 제작한 콘텐츠들을 모아 《100초 정치사회 수업》이라는 책을 출간하기도 했습니다.

◆ 4) MBC 14F

　　MBC가 론칭한 20대 타깃 모바일 전용 콘텐츠로 'MBC 14층 사람들이 만든다'고 해서 '14F(일사에프)'라는 이름이 붙었습니다. 14F는 하루의 다양한 이슈 중 3~4개를 선정해 평일 저녁 7시마다 3~4분 분량의 뉴스 큐레이션 영상을 업로드하고 있습니다. 데일리 뉴스 외에도 법률 콘텐츠인 '생존법률가이드', 경제 콘텐츠 '아이돈케어' 등 젊은 구독자들이 관심가질 만한 주제로 콘텐츠를 확장하고 있습니다.

◆ 5) 연합뉴스 '통통리빙'

　　대한민국 최대 통신사인 연합뉴스도 다양한 유튜브 채널을 운영하고 있습니다. 그중 '통통리빙'은 전형적인 크리에이터 시스템을 적용해 영상을 제작하고 있는 채널입니다. 여성 크리에이터들이 스마트폰, 카메라, 자동차 등을 맡아 신차, 새로 나온 스마트폰 등을 리뷰하는 콘텐츠가 주를 이루고 있습니다. 브이로그나 먹방 등 일상적인 영상도 업로드 하면서 채널 구독자에게 친근하게 다가가려고 하며, 브랜드 협업 콘텐츠도 시도하고 있습니다.

예비 크리에이터를 위한 패키지

1. 유튜브 분석 서비스 '녹스인플루언서'(kr.noxinfluencer.com)

녹스인플루언서는 유튜브 채널을 검색해 전반적인 통계 자료를 확인할 수 있는 사이트입니다. 2019년 4월부터 한국에서도 정식 서비스를 시작했습니다. 유튜브 채널 링크를 복사해 붙여 넣으면 해당 채널의 글로벌 랭킹, 국내 랭킹, 최근 1개월 동안 게시된 동영상 수, 유튜브 예측 수익, 광고 유치 등을 통한 예측 제휴 수익 등을 확인할 수 있습니다. 채널별 시청자들의 연령층, 남녀 비율, 국가 정보도 살펴볼 수 있습니다. 국내외 인기 유튜브 크리에이터 랭킹도 알아볼 수 있습니다.

홈페이지 첫 화면에는 '유튜브 채널 예상 수입', '인기 유튜버 순위', '유튜브 동영상 랭킹', '유튜버 비교하기', '실시간 유튜브 구독자 수', '유튜브 동영상 분석하기'라는 서비스가 떠 있습니다. 인기 영상에 어떤 태그가 사용됐는지도 파악할 수 있고, 인기 크리에이터의 콘텐츠는 어떤 사람들이 시청하는지, 자신의 콘텐츠를 좋아하는 사람들은 어떤 성향을 갖고 있는지, 비슷한 주제로 영상을 올리는 채널과는 무엇이 비슷하고 다른지 등을 확인하며 활성화된 유튜브 채널을 벤치마킹하는 툴로 활용할 수 있습니다.

유사한 국내 서비스로 워칭투데이(https://watchin.today/ko), 래더(https://ladder.kr) 등이 있고, 해외 사이트는 소셜블레이드(https://socialblade.com)를 참고할 만합니다.

▶ '녹스인플루언서'(kr.noxinfluencer.com)
에서 제공하는 TOP 100 유튜브 채널 순위

2. 예비 크리에이터가 볼만한 책

《평범한 사람들의 비범한 영향력, 인플루언서》 이승윤, 안정기 저 | 넥서스BIZ

디지털 문화심리학자이자 IT, 뉴미디어 분야 저서를 다수 집필한 이승윤 건국대학교 교수와 국내 최대 MCN 브랜드 DIA TV의 안정기 매니저가 펴낸 책입니다. 이 책은 유튜브, 페이스북, 인스타그램 등 소셜 플랫폼 열풍의 핵심인 인플루언서에 대해 집중 조명하고 있습니다. 인플루언서의 탄생과 정의, 기업과 브랜디드 콘텐츠 관점에서 바라보는 인플루언서, 인플루언서가 되는 방법과 콘텐츠 전략, 인플루언서와 비즈니스 협업하는 법 등 인플루언서 마케팅 전반에 대해 깊게 고민하고 연구한 결과를 확인할 수 있습니다.

《나는 유튜브 크리에이터를 꿈꾼다》 샌드박스 네트워크 저 | 위즈덤하우스

도티, 잠뜰, 풍월량, 테드, 장삐쭈, 라온, 백수골방 등 약 300명의 크리에이터가 소속된 MCN 샌드박스 네트워크에서 집필한 책입니다. 샌드박스 네트워크 소속 크리에이터들의 솔직한 고민과 직업으로서 크리에이터의 전망, 크리에이터로 살아가는 데 있어 어려운 점 등을 확인할 수 있습니다. 또 샌드박스 네트워크라는 MCN에 대한 정보도 확인할 수 있으니 1인 크리에이터만이 아닌 관련 직업을 고민하는 학생들도 한 번쯤 읽어볼 만합니다.

《유튜브의 신》 대도서관 저 | 비즈니스북스

'1인 크리에이터의 상징' 대도서관이 쌓아온 고민과 솔루션을 수록한 책입니다. 어떤 과정을 거쳐서 1인 크리에이터가 됐는지, 1인 브랜드가 필요한 이유, 크리에이터에게 필요한 자질은 무엇인지 등 크리에이터를 꿈꾸는 사람들에게 필요한 질문을 던지고 조언을 제공합니다. 책의 마지막 부분에는 30대 주부, 20대 대학생 등 가상의 예비 크리에이터를 설정해 콘텐츠 기획, 제작법을 덧붙여 콘텐츠를 구상하고 제작하기 막막한 준비생들에게 힌트를 던져줍니다.

3. 주요 지원사업 리스트 및 교육기관

◆ 한국콘텐츠진흥원(www.kocca.kr)

한국콘텐츠진흥원은 국내 콘텐츠 분야에서 가장 폭넓은 지원 사업을 제공하고 있습니다. 한국콘텐츠진흥원의 '아이디어 융합 팩토리'는 장르와 플랫폼, 산업 간 융합을 통해 콘텐츠 예비 창업·창작자의 성장을 돕는 프로그램입니다. 이 중 아홉 차례 사업이 진행된 '팩토리랩'이 영상 분야 1인 크리에이터를 대상으로 하고 있고, 2019년 4월에 '뉴미디어랩 1기 창작자' 프로그램을 개설해 유튜브, 네이버TV, 인스타그램, 팟캐스트 등에서 활동할 MCN·디지털 뉴미디어 콘텐츠 분야 크리에이터를 모집했습니다.

◆ 경기콘텐츠진흥원(www.gcon.or.kr)

경기콘텐츠진흥원은 '경기도 1인 크리에이터 육성사업'을 통해 경기 지역에서 활동하는 1인 크리에이터를 육성하고 있습니다. 아카데미를 통해 맞춤형 교육을 제공하고 콘텐츠 제작을 지원하며, '경기 크리에이터즈 데이'를 통해 제작 지원과 크리에이터 간 교류의 장을 만들기도 합니다. 또 집중 멘토링을 통해 해외에서도 주목받을 수 있는 글로벌 스타 크리에이터를 발굴하기 위해 노력하고 있습니다. 여러 기관의 지원 사업 중에도 가장 큰 규모에 속해 혜택이 많다는 점은 장점이지만 그만큼 치열한 경쟁이 따르기도 합니다.

◆ 부산콘텐츠코리아랩(www.cklbusan.com)

서울과 경기도 외에 가장 활발하게 크리에이터를 육성하는 지역은 우리나라 제2의 도시 부산입니다. 부산콘텐츠코리아랩에서는 크리에이터 발굴 프로그램 '덕업일치', 크리에이터 Hi 스쿨, 1인 미디어 공모전 등을 개최하고 있습니다. 크리에이터에게 필요한 교육과 스튜디오를 제공해 인프라가 부족한 크리에이터들의 갈증을 해소해 줍니다. 또한 국내 최대 영화제인 '부산국제영화제'가 열리는 도시답게 영화의 전당 주변에 촬영 장비 대여업체 등 영화·영상 관련 인프라가 잘 구축돼있다는 것도 장점입니다.

◆ 한국전파진흥협회(www.rapa.or.kr)

한국전파진흥협회는 1인 크리에이터와 MCN의 가능성을 일찍부터 알아본 단체입니다. 2019년 상반기에는 '1인 창작자 콘텐츠 제작지원 공모'를 진행해 63개 팀을 선발했습니다. 선발팀에게는 MCN이나 커머스, 동영상 플랫폼 등 비즈니스 관계자와 협업할 수 있는 기회는 물론, 멘토링을 받을 수 있는 기회도 주어집니다. 우수 팀으로 선정되면 글로벌 협업 기회도 제공됩니다. 또한 MCN 사업자와 1인 창작자를 대상으로 세계 최대 온라인 비디오 및 1인 미디어 크리에이터 페스티벌로 꼽히는 '비드콘(Vidcon)'에 참가할 팀을 선발하기도 합니다. 이렇듯 한국전파진흥협회는 방송과 미디어 시장에서 새로운 성장 동력으로 주목받고 있는 1인 미디어 콘텐츠 육성을 위해 다양한 지원 사업을 진행하고 있습니다.

◆ 유튜브 크리에이터 아카데미(creatoracademy.youtube.com)

물건을 사면 물건과 함께 들어 있는 사용 설명서를 읽어봐야 하듯이, 영향력 있는 유튜브 크리에이터로 성장하기 위해 숙지해야 할 보물 같은 기초 지식은 다름 아닌 유튜브에서 찾을 수 있습니다. 유튜브 크리에이터 아카데미는 유튜브가 제공하는 무료 온라인 교육입니다. 홈페이지에 접속한 이용자들은 '유튜브 기능과 분석', '검색 및 시청 시간', '수익 창출', '유튜브 시작하기', '콘텐츠' 등 아홉 가지 카테고리로 구분된 동영상 강의를 들을 수 있습니다. 영어로 된 영상이지만 한국어 자막이 달려 있어서 강의를 이해하기는 어렵지 않습니다. 예산을 지원하거나 프로모션 혜택을 주는 서비스는 아니지만, 유튜브 시스템에 대해 궁금한 점이 생길 때 언제든 열어볼 수 있는 매뉴얼입니다.

> 1인 미디어 시장이 빠르게 성장하고 있는 만큼 강의나 지원 사업이 확대되고 있습니다. 위 내용 외에도 문화체육관광부, 서울산업진흥원, 광주정보문화산업진흥원, 시청자미디어재단, 지역 영상미디어센터, 방송국, 온라인 강의 사이트, MCN 사업체 등 다양한 곳에서 교육 및 지원 프로그램을 제공하고 있습니다. 하지만 상황에 따라 지원 사업이 없어지거나 변경될 수 있고, 새 강의나 사업이 생기기도 해 예비 크리에이터들의 적극적인 모니터링이 필요합니다.

[여기서 잠깐! - 저작권과 초상권]

유튜브 크리에이터로서 장기간 활동하며 성장하고 싶다면 저작권과 초상권에 유의해야 합니다. 한국은 글, 이미지, 음악, 영상, 글씨체 등 모든 콘텐츠 저작권에 대해 '무방식주의(등록 등 절차를 거치지 않아도 저작물에 대한 권리를 보호받을 수 있음)'를 취하고 있습니다. 유튜브 크리에이터에게 특히 민감한 저작권은 음악과 글씨체(폰트)입니다. '무료'라고 적혀 있는 사운드나 폰트라도 세부 조건을 살펴보면, 상업적 이용은 불가능하거나 조건부 활용만 가능하도록 명시돼 있기도 합니다. 유튜브는 저작권 정책을 강화시키고 있으며, 크리에이터들은 저작권을 위반할 시 수익 창출이 중단되거나 채널이 일시적으로 정지될 수 있습니다.

유튜브는 '오디오 라이브러리'를 통해 무료 사용이 가능한 음악과 효과음을 제공하고 있습니다. 일부 무료 음악은 저작자를 표시해야 하니 꼼꼼히 확인해야 합니다. 유튜브는 창작자들의 권리를 보호하기 위해 저작권 정책과 모니터링을 꾸준히 강화시키고 있습니다.

거리에서 실시간 라이브 방송을 진행하는 BJ를 중심으로 초상권 분쟁이 일기도 했습니다. 출연자의 동의를 받지 않고 방송을 하는 진행자들이 많고, 심한 경우 성범죄(성희롱, 몰카 등)로 판단돼 법적 처벌을 받기도 합니다. 지난 2016년 '헌팅방송'을 진행하던 한 20대 BJ가 여성의 특정 신체 부위를 무단으로 촬영, 방송해 1심에서 실형을 선고 받은 사례가 대표적이죠. 크리에이터들은 현장에서 출연 동의를 받는 방식으로 초상권 침해에 대처하고 있습니다.

한편, 콘텐츠 플랫폼과 SNS가 발달하면서 저작권과 초상권을 무조건 보호하기만 하는 방향은 시대착오적이라는 의견도 있습니다. 창작자들의 자유를 지나치게 침해하지 않는 선에서 저작권과 초상권이 변화하는 창작 환경와 공존할 수 있어야 한다는 지적이 그것입니다. 유튜브 크리에이터에게 필요한 저작권, 초상권 정보는 유튜브 고객센터와 유튜브 연구 채널 '유튜브랩' 등을 참고하기 바랍니다.

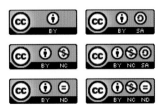

▶ 모든 유튜브 사용자는 업로드한 동영상에
  크리에이티브 커먼즈 라이선스(CCL)를
  표시할 수 있습니다.

크리에이터는 일시적인 유행일까?

'유튜브 크리에이터는 포화상태'라는 지적이 있습니다. 국내에서 1인 미디어의 인기가 빠르게 올라가면서 나온 말인데요. 실제로 뷰티, 키즈, 리뷰 등 일부 인기 장르는 비슷한 채널이 우후죽순 생겨나면서 구독자 수에 비해 조회수가 떨어지는 현상이 나타나기도 합니다. 또 누군가는 '파워블로거처럼 유튜버도 몰락할 것'이라며 크리에이터 열풍이 일시적인 유행에 불과하다는 진단을 내리기도 합니다. 과연 크리에이터는 반짝하고 사라질 직업일까요?

누구도 다가올 미래를 쉽게 예견하기는 어렵습니다. 크리에이터가 산업으로서 주목받은 지도 얼마 되지 않았죠. 한 가지 확실한 것은 크리에이터가 새로운 문화로 인정받기 시작했다는 점입니다. 플랫폼은 사라질지라도 크리에이터라는 문화는 계속되리라는 것이죠. 대중의 취향은 이미 세분화됐고 TV를 대신할 플랫폼이 늘어났습니다. 예전처럼 전통 미디어가 대중이 필요로 하는 재미와 정보를 독점한다는 건 사실상 불가능해졌습니다. 이런 흐름 속에서 우리는 유튜브 크리에이터를 콘텐츠 제작자의 한 갈래로 바라볼 필요가 있습니다.

콘텐츠 제작자들은 트렌드 변화에 맞게, 자신에게 맞는 플랫폼을 찾아 끊임없이 변화하고 있습니다. 영화 분야 파워블로거로서 할 수 있는 건 다 해본 뒤 유튜브로 넘어온 '발없는새'나 뷰티 블로거를 거쳐 뷰티 크리에이터의 대표주자가 된 '씬님'처럼 말이죠. 대도서관 역시 유튜브에 자리 잡기 전에는 아프리카TV를 비롯한 여러 동영상 플랫폼에 영상을 올리거나 블로그를 운영한 경험을 갖고 있습니다.

'페이스북 스타' 출신 1인 크리에이터도 존재하고, 사진을 좋아하는 창작자는 인스타그램이나 네이버 그라폴리오, 500px 같은 플랫폼에 작업을 올려 인기를 얻기도 합니다. 라디오만 존재하던 음성 콘텐츠 시장에 팟캐스트가 등장했고, 카카오 브런치에는 출판을 꿈꾸는 예비 작가들의 가능성이 가득합니다. 언젠가 유튜브가 사라지더라도 콘텐츠 시장을 주도할 새로운 트렌드는 등장하기 마련입니다. 변화에 발 빠르게 대응하는 크리에이터일수록 급격한 변화의 흐름 속에서 살아남을 확률이 높을 것입니다.

변화에 적응하고, 변화를 이끌어가는 크리에이터가 되려면 '기획자'로서의 역량이 중요합니다. 그런데 지금 유튜브에는 인기 크리에이터들이 만들어낸 포맷을 그대로 따라하는 이른바 '복붙' 콘텐츠가 넘쳐나고 있습니다. 내 콘텐츠에 차별적인 매력이 없다면 대중이 내 채널을 다시 찾아올 이유는 사라지게 됩니다. 성공 사례를 빠르게 벤치마킹하는 '패스트 팔로워' 전략이 잘못된 것은 아니지만 사소한 차이라도 '장르를 만들어낼 수 있는 기획력'을 갖춘 크리에이터라면 수많은 인플루언서들 사이에서 남보다 한걸음 앞서 나갈 수 있습니다.

필자가 2017년 가을에 만난 '느낌적인느낌'은 자신만의 색이 뚜렷한 걸 넘어 크리에이터 자신이 곧 장르였습니다. '34가지 자아를 가진 승헌쓰의 다채로운 모습'이라는 소개글처럼 크리에이터는 내면의 다채로운 모습을 팬들에게 보여주고, 팬들은 그 모습을 즐기며 응원합니다. 초등학생이었던 키즈 크리에이터 마이린은 중학생이 됐습니다. '마지막 학예회', '변성기', '첫 수련회'처럼 성장하면서 겪는 변화와 경험이 콘텐츠로 이어지고 있죠.

마이린의 경험은 대학생이나 성인이라면 시도해볼 수조차 없는 콘텐츠입니다. 시간은 되돌릴 수 없기 때문이죠. 하지만 조금만 바꿔서 생각해본다면 어떨까요? 성인의 시각에서 옛날 수련회를 떠올려본다면, 지금 청소년들이 떠나는 수련회도 예전이랑 비슷할까? 어떤 점이 달라졌을까?를 시청자들과 대화하며 재미와 공감을 얻을 수도 있습니다. 사람들이 잘 모르는 직업을 가진 사람, 누구보다 잘 알고 있는 나만의 '덕심'이 있다면? 그걸 유튜브에 공유하는 것만으로도 차별화에 성공할 수 있습니다.

가벼운 노래를 파괴하는 드럼 연주로 대중의 이목을 사로잡은 부기드럼 채널도 '음악'만으로 설명하기 어렵습니다. 신지하고 어렵게 느껴질 수 있는 록 음악 대신 애니메이션 주제가, 마트 로고송 같이 '대중 친화적인 음악을 진지하게 연주한다면 어떨까'라는 발상은 그가 독자적인 장르를 갖출 수 있게 한 시작점이었습니다. 사소할 수 있지만 쉽게 생각하기 어려운 부분이죠. 만약 부기드럼이 남들과 똑같이 연주하는 영상을 올렸다면? 답은 각자의 생각에 맡기겠습니다.

뜨거운 인기만큼 유튜브 크리에이터의 화려한 면을 보고 뛰어드는 사람들이 많습니다. 크리에이터를 시작하기 전에 내가 콘텐츠 제작에 얼마나 흥미를 갖고 있는지, 영상을 오래 만들어도 질리지 않을 정도로 좋아하는 것은 무엇인지 탐색해봐야 합니다. 이 과정은 꼼꼼하고 냉정할수록 좋습니다. 고민 결과 크리에이터를 시작해도 좋겠다는 판단이 선다면 개인 브랜드 가치를 꾸준히 높여 플랫폼 의존도를 줄여나가야 합니다. 유튜브 광고 수입에 생계를 걸지 말고, 유튜브를 통해 인플루언서가 된 후 광고를 꾸준히 수주하거나 사업을 운영하겠다는 현실적인 전략을 수립할 필요도 있습니다.

How did they become Youtube Creators?

생생 인터뷰 후기

유튜브 크리에이터, '덕업일치'를 이루는 존재

 '좋아하는 일을 할 것인가, 잘하는 일을 할 것인가.' 진로와 직업을 탐색하려는 이들에게 난제와도 같은 질문입니다. 좋아하는 건 수익이 안 되고, 잘하는 건 즐겁지 않습니다. 잘하는 게 뭔지도 모르겠고, 사회적 시선과 평가를 극복하고 좋아하는 것에 몰두하는 데는 용기가 필요합니다.

 유튜브는 이 질문에 실마리를 제시했습니다. 기성세대에 비해 '하고 싶은 일'을 하며 돈을 벌고 싶은 밀레니얼 세대와 Z세대에게 '덕업일치'의 장이 열린 거죠. 그것도 지금까지 존재했던 어떤 플랫폼보다 완벽에 가깝게 말입니다. 《유튜브 크리에이터 어떻게 되었을까?》에 함께한 겨울서점, 마이린, 부기드림, 에그박사, 유라야 놀자, 킴닥스 모두 '좋아하는 일'을 선택했습니다. 그리고 꾸준하고 성실하게 잘하는 일로 만들어 냈죠.

 필자가 2016년부터 진행했던 크리에이터 영상 인터뷰 '덕터뷰'와 다양한 강연, 세미나, 행사장에서 만난 수십 명의 크리에이터들도 마찬가지였습니다. 그들은 시청자가 원하는 방향으로 콘텐츠를 다듬어가는 과정에서도 '좋아하는 일'이라는 끈은 놓지 않았습니다.

 '퍼스널 브랜딩'과 '자아실현'의 무대라는 관점에서도 유튜브는 매력적입니다. 특히 '콘텐츠 인싸'가 되고 싶은 청소년들에게 이보다 좋은 연습실은 없습니다. 시작하기 어려운 직업도 아닙니다. 우리 손에는 웬만한 카메라보다 가볍고 직관적인 스마트폰이 들려있습니다. 1인 크리에이터 관련 산업도 성장하고 있습니다.

 필자는 유튜브와 크리에이터가 가져온 가능성에 무한 공감합니다. 그러나 '억대 연봉', '인생 역전', '자유로운 직업' 같이 달콤한 말은 경계합니다. 적어도 우리가 크리에이터를 직업으로 바라본다면 말이죠. 크리에이터를 꿈꾸는 많은 청소년들이 이 책에서 크리에이터들이 말하는 공통된 메시지를 읽어내길 바랍니다. 그리고 이번 인터뷰가 좋아하는 일을 통해 성장하고자 하는 청소년들에게 작은 도움이 될 수 있길 기대합니다.